Jean-Pierre Colignon

POUR NE PLUS FAIRE DE FAUTES D'ORTHOGRAPHE

300 TRUCS ET ASTUCES EFFICACES ET FACILES

Éditeur : Stéphane Chabenat
Suivi éditorial : Clotilde Alaguillaume
Conception graphique : Emmanuelle Noël
Conception couverture : Philippe Marchand

Les éditions de **l'Opportun**
16, rue Dupetit-Thouars
75003 PARIS

www.editionsopportun.com

SOMMAIRE

PRÉFACE

Pour maîtriser l'orthographe d'usage, plusieurs démarches sont possibles. Bien évidemment, la première d'entre elles consiste à apprendre consciencieusement, dès l'école primaire, et peu à peu, les orthographes correspondant (pas toujours) aux sons, les récurrences graphiques, les accentuations cohérentes…

Mais, si l'orthographe d'usage est bien plus logique et conséquente que ne le disent des contempteurs excessifs, il est cependant vrai que les consonnes simples ou doubles, que les accents, que les traits d'union, que les mots composés, que les adverbes et autres mots complexes, suscitent des hésitations et quelque perplexité. Sauf pour les « timbrés de l'orthographe », les as, les doués, ceux qui, tout jeunes, sont tombés dans la marmite du français, s'y sont baignés avec délices, et qui, de chic, dès l'enfance, ont « photographié » une fois pour toutes les mots rencontrés dans leurs lectures…

Bien sûr, pour tout le monde, la pratique intensive de la lecture (tous genres de textes confondus, et tous supports compris) permet de retenir non seulement l'orthographe de trois mille à cinq mille mots usuels, en principe, mais aussi de termes moins familiers.

Au-delà de ces acquisitions ordinaires, normales, convenues, il existe quelques bases à connaître, quelques faux amis à reconnaître et quelques trucs et formulettes ludiques qui – tout en amusant, en distrayant – instruisent !

Tout usager de la langue française se jouera d'un certain nombre de prétendus obstacles dont on se fait toute une montagne grâce à ces 300 trucs.

Directeur de cette collection des « Timbrés de l'orthographe », Jean-Pierre Colignon s'est attelé personnellement, et avec conviction, à créer et à réunir pour les lecteurs-usagers du français, quels que soient leur âge et leur formation, ces astuces ludiques et faciles à retenir. Depuis longtemps enseignant, formateur et moniteur en écoles de journalisme et en écoles de correcteurs-réviseurs, il aide ainsi chacun à améliorer son orthographe, sans souffrance, mais dans l'humour…

100 RÈGLES DE BASE À CONNAÎTRE PAR CŒUR

1. Illettrisme, n. m., illettré(e), adj. et n.

Parmi les fautes à ÉVITER ABSOLUMENT figurent au premier plan – hélas ! – les innombrables erreurs portant, c'est un comble, sur *illettrisme* et sur *illettré(e)* !

L'orthographe de ces mots est pourtant d'une simplicité biblique et d'une logique incontestable. Le mot-centre étant *lettre*, il va de soi que les deux *t* se retrouvent dans les mots composés et dérivés. Ensuite, comme l'on a ajouté un préfixe devant un mot commençant par un *l* (*lettre, lettrisme*), ledit préfixe est *il-*. *Il-* est la variante, devant un *l*, du préfixe latin à sens négatif *in-* (*accessible/inaccessible, actif/inactif, nommé(e)/innommé(e)*…). Cet élément négatif *in-* devient aussi *im-* devant *b*, *m*, et *p* (*maturité/immaturité, parfait/imparfait, buvable/imbuvable…*) et *ir-* devant un *r* (*réaliste/irréaliste, réel(le)/irréel(le), respect/irrespect).*

Il est donc on ne peut plus logique d'avoir les graphies *illettrisme* et *illettré(e)* ! Et la même norme se retrouve dans *légal/illégal, illégalement, illégalité* ; *légitime/illégitime, illégitimement, illégitimité* ; *licite/illicite, illicitement* ; *limité(e)/illimité(e)* ; *lisible, illisible, illisiblement, illisibilité* ; etc.

2. Quelque, adv.

Quelque – en un mot – est un adjectif variable : *Quelques spectateurs assistaient au spectacle* ; *cet objet ne coûte que quelques euros* ; *faire quelques pas dans le jardin* ; *quelques précautions que vous preniez, il y a tout de même des risques*... Il est toujours adjectif, et VARIABLE, quand il n'est séparé d'un nom que par un adjectif : *Les quelques maigres efforts qu'elle fit suffirent à lui valoir une seconde place au classement* ; *quelques timides démarches qu'il effectua lui permirent d'obtenir des délais.*

MAIS *quelque* est un adverbe, donc un mot INVARIABLE quand :

– il signifie « environ », « à peu près » : *Selon le ministre de l'Intérieur, il y a eu quelque quinze mille manifestants* ; *pour les syndicats, le défilé a regroupé plus de deux cent mille personnes* ; *c'est un homme de quelque cinquante ans* ; *cela remonte à quelque trente ans.*

N.B. : comme la notion relève de l'à-peu-près, il est interdit (car ce serait illogique) d'employer *quelque* (... et *environ*) devant un nombre précis. Il est inconséquent de dire ou d'écrire : *Les députés en séance étaient quelque 243* ; *son loyer est d'environ 845 euros.*

– suivi de *que*, il a la signification de « si », et précède un adjectif ou un participe passé NON SUIVI d'un nom, ou modifie un autre adverbe : *Quelque puissants qu'ils soient, ils ne pourront vaincre la révolte populaire* ; *quelque réputés que soient ces restaurants, j'en suis ressorti déçu*... et *affamé !* ; *quelque subtilement qu'il agisse, son double jeu sera mis au jour*[1].

En cas de doute, penser toujours à voir si « environ », ou bien « si », peut remplacer *quelque*. Si oui, c'est un adverbe, invariable.

3. Chaotique, adj.

Il n'existe pas, en français, d'adjectif « cahotique » (dont l'orthographe indiquerait qu'il serait de la famille de *cahot*) !

Un cahot est un saut que fait un véhicule roulant sur un sol inégal. Le mot est donc aussi un synonyme de « secousse », de « heurt ». (*Les ornières entraînent beaucoup de cahots.*) Au sens figuré, le mot s'applique aux heurs et malheurs, les hauts et les bas d'une vie : *Ils n'ont pas été épargnés par les cahots de la vie.* Deux adjectifs découlent de *cahot,* et qu'il ne faut pas confondre : *cahotant*, « qui cahote », et *cahoteux*, « qui provoque, qui fait éprouver, des cahots ». Ce sont donc les véhicules qui sont *cahotants,* et les routes et chemins qui sont *cahoteux*.

Chaotique (qui se prononce « ka-o-tik », puisque *cahot* et *chaos* sont homonymes) est l'adjectif

---

1. Ne pas confondre mettre au jour, « découvrir, révéler, dévoiler, rendre public, divulguer » (Lors des fouilles, on a mis au jour de la vaisselle carolingienne ; la presse a mis au jour l'entente illicite liant ces firmes), et mettre à jour, « adapter, compléter, modifier quelque chose en tenant compte des derniers événements, des derniers renseignements, des derniers résultats… ».

dérivé de *chaos,* « confusion, désordre, tohu-bohu, bouleversement » et aussi « entassement naturel et désordonné de blocs de pierre, de rochers ». Cela par analogie avec le grand Chaos (avec une majuscule obligatoire) de la Genèse…

On écrit donc : *une démarche chaotique* (= confuse), *un paysage chaotique, des projets chaotiques, une vie chaotique…*

4. Dû, adj., part. passé et n.

Le participe passé du verbe *devoir* est *dû*, avec un accent circonflexe. Cet accent permet de distinguer ledit participe de l'article partitif *du* : *J'ai dû partir avant la fin du film* ; *l'intérêt dû est de 8 %...*

Ce souci, ce besoin d'éviter l'homographie de plusieurs mots n'a pas lieu d'être, ni au féminin ni au pluriel, donc l'accent circonflexe disparaît :

– *La somme due est de 2 000 euros.*

– *Il a été reçu avec les égards dus à un chef d'État.*

– *Les invitations dues au titre de la réciprocité tardent à venir !*

À chacun son dû : l'accent circonflexe est maintenu, bien sûr, dans le nom masculin singulier issu de *devoir.*

5. Fatigant(e), adj.

Les participes présents se terminent toujours par *-ant* et sont INVARIABLES : *Il s'est aguerri en naviguant dans ces mers agitées* ; *vaquant à* *leurs affaires, ils ne se sont pas aperçus que l'orage approchait...*

Ils peuvent être employés comme adjectifs (on les appelle *adjectifs verbaux*), sont terminés également par *-ant...* à part quelques exceptions (*adhérent, convergent, équivalent, précédent,* etc.), et sont VARIABLES : *des arguments convaincants, des propos extravagants, les places vacantes...*

Des différences orthographiques autres que *-ant*/*-ent* existent, en particulier avec les verbes en *-ger*, *-guer* et *-quer*. Ainsi : *convainquant* (part. prés.) et *convaincant* (adj.), *convergeant* (part. prés.) et *convergent* (adj.), *divergeant* (part. prés.) et *divergent* (adj.), *extravaguant* (part. prés.) et *extravagant* (adj.), *fringuant* (part. prés.) et *fringant* (adj.), *vaquant* (part. prés.) et *vacant* (adj.), *fatiguant* (part. prés.) et *fatigant* (adj.).

Pas de *u,* donc, dans l'adjectif verbal: *un travail trop fatigant, des enfants fatigants...*

6. Fabricant(e), n.

Nous avons vu précédemment, avec *fatigant(e),* n° 5, qu'il fallait se méfier des différences orthographiques pouvant exister entre participes présents et adjectifs verbaux homonymes appartenant à une même famille de mots. Ici, avec le nom commun *fabricant(e)*, ce sont des différences graphiques entre participes présents et noms homonymes des mêmes familles que nous souhaitons mettre en évidence.

Le participe présent du verbe *fabriquer* s'écrit en *-quant* : *C'est en fabriquant des chapeaux que* *la modiste s'aperçut que…* Le « nom verbal » tiré du même verbe s'écrit avec un *c* : *des fabricants de santons.* L'emploi adjectival du nom est rare : *des industriels fabricants.*

Voici quelques exemples de différences orthographiques entre participes présents et noms :

Participes présents	**Noms**
adhérant	adhérent
affluant	affluent
confluant	confluent
présidant	président

En revanche, le nom *trafiquant* s'écrit comme le participe présent de *trafiquer.* Comme dans *trafic*, il n'y a qu'un *f.* (Ne pas se laisser influencer par l'orthographe de l'anglais *traffic* !)

7. Cauchemar, n. m.

Eh bien (oui : *eh !*), ce mot a une finale en *-ar*, pas du tout en « -ard » comme on pourrait le croire à cause des dérivés *cauchemarder* (verbe), *cauchemardesque* (adj.) et *cauchemardeux* (adj.).

Cauchemarder et *cauchemardeux* sont d'un registre plus familier que *cauchemardesque.* L'acception de *cauchemardeux* est « plein de cauchemars » (*un sommeil cauchemardeux*), tandis que la signification de *cauchemardesque* est « terrible, horrible, affreux, fantastique… », « qui évoque l'atmosphère des cauchemars », « qui ressemble aux visions qu'on a lors d'un cauchemar ».

Noter quelques terminaisons en *-ar* :
alcazar
avatar
bazar (en dépit de *bazarder*)
calamar
casoar
caviar (en dépit de *caviarder*)
dinar
dollar
douar
hangar
lascar
lupanar
nectar
nénuphar
samovar

8. Pallier, v. tr. dir.

Le verbe *pallier* s'écrit avec deux *l* alors que le nom commun ne comporte qu'un *l* (*attendre sur le palier*).

Il en est de même, logiquement, pour l'adjectif et nom *palliatif* : *Il est en soins palliatifs, une mesure palliative* ; *c'est là un simple palliatif de l'incurie régnant depuis trois ans...*

Pallier, il est impératif de le rappeler eu égard aux nombreuses erreurs de construction, est un verbe transitif DIRECT. Employer « pallier à » est une grosse erreur. Les seules formulations licites résident dans l'utilisation au sens absolu (*cela ne fait que pallier*) ou avec un complément d'objet direct (*pallier une lacune* ; *tenter de pallier ses fautes...*).

9. Pécuniaire, adj.

D'un genre à l'autre, l'orthographe de la terminaison de cet adjectif ne change pas : c'est toujours *-aire* (*disposer d'avantages pécuniaires, avoir des difficultés pécuniaires*). Ces mêmes lettres se retrouvent dans l'adverbe *pécuniairement.*

Le barbarisme « pécunier/pécunière » est fort répandu, bien qu'étant une faute grossière, due sans doute à l'influence de *pénitencier* et *financier.*

Pécuniaire est de la famille de *pécune*, n. f., « argent comptant », et de *pécule*, n. m., « somme amassée grâce au travail et/ou à l'économie ». Le mot est issu du latin *pecunarius,* via *pecunia,* « pécune, argent ». Tout cela étant lié à *pecus*, « troupeau », celui-ci représentant, dans la Rome antique, la richesse !

10. Soi-disant, part. prés., adj. invar. et adv.

Soi-disant est un participe présent, soit un mot INVARIABLE. C'est une forme archaïque du verbe *se dire*, « se prétendre ». La signification du participe présent est donc : « qui se dit tel(le) », « qui se prétend », et il ne peut alors – en toute logique – se rapporter qu'à des personnes : *un soi-disant artiste* ; *un médecin soi-disant conventionné* ; *de soi-disant grandes cuisinières*…

Une faute fréquente consiste à écrire « soit-disant »… Dans *soi-disant*, le premier élément est le pronom *soi* (et non la 3e personne du singulier du subjonctif présent [*soit*] du verbe *être).*

Pour des objets ou toute notion abstraite, on doit employer d'autres mots : *un prétendu suicide, un fauteuil prétendument Louis XV, un supposé marché de gré à gré*… (le suicide, le fauteuil et le marché ne sauraient parler, ne sauraient être « soi-disant »).

Soi-disant est employé assez souvent adverbialement, au sens de « prétendument, censément, au prétexte de… » : *Elle a pénétré dans le salon, soi-disant pour prendre des photos* ; *je suis accusé pour avoir soi-disant dénigré l'épouse du chef de l'État.* Cet emploi est condamné par les linguistes « classiques », généralement, et accepté par certains autres grammairiens.

À tout le moins, il convient d'éviter cette extension de sens quand il en résulte des phrases qui – au regard de la logique – sont inacceptables, quand bien même prêteraient-elles à sourire. Adolphe V. Thomas, dans son excellent *Dictionnaire des difficultés de la langue française* (Larousse), cite les « exemples » cocasses suivants :

– *« La belle et soi-disant infâme Mme de Vaubadon »* (Barbey d'Aurevilly, *Une vieille maîtresse*). Voilà donc une femme qui se reconnaît « infâme » !]

– *« La brigade criminelle n'avait pu découvrir la voiture dans laquelle Gueule-en-Or s'était soi-disant suicidé »* (*France-Soir,* 7-IX-1940). [Là, c'est un suicidé qui, *post mortem*, nous parle…]

– *« Qu'est devenu le cadavre de* […] *soi-disant décédé à Madrid ? »* (*Dimanche-Matin,* 28-II-1954). [Encore un mort qui fait part de son trépas…]

N.B. : « soi-disant que » est du langage plus que familier, « popu » dirons-nous !

11. Occurrence, n. f.

Une paire de *c* et une autre de *r* dans ce nom féminin. Très logiquement, on trouvera ces doubles consonnes dans l'adjectif *occurrent(e)*, réservé au domaine religieux (christianisme) pour qualifier deux fêtes qui surviennent le même jour.

Les deux *c* et les deux *r* découlent de l'étymon latin *occurrere*, « se présenter ».

N.B. : la grande majorité des mots commençant par *oc*[*c*] s'écrivent avec deux c : *occasion, occident, occiput, occlusion, occulte, occuper,* etc. Exceptions : *ocarina, océan* et mots de la famille [*océanique, océanologie...*], *ocelot, ocre, oculiste* et mots de la famille [*oculaire, ocularist e...*].

Concurrent, du latin *concurrere,* « courir avec », comporte une paire de *r* qu'on retrouve dans *chasse à courre* (« chasse où l'on poursuit le gibier »), mais pas dans le verbe *courir* (sauf au futur et au conditionnel présent : *je courrai, je courrais*).

Curriculum [vitæ], en latin « carrière [de la vie] », a lui aussi deux *r* successifs. – On abrège couramment en CV..., ce qui en fait l'homographe symbole du cheval[-vapeur] fiscal : *une 4 CV !* Il n'est pas illicite, pour cette raison, d'écrire avec des points : *« J'ai envoyé mon C.V. partout ! »*

12. Bifteck, n.m.

Ce mot d'origine anglaise, bien que d'emploi on ne peut plus courant, est très souvent mal orthographié, les usagers de la langue française optant pour des formes hybrides... On voit ainsi fréquemment des « bifsteak » et des « beefteck » mélangeant allègrement le français (*bifteck*) et l'anglais (*beefsteak*, qui se prononce « bifstek »).

Dans un texte en français, il vaut mieux adopter la forme française. Si l'on tient, à contre-courant de l'évolution de la langue, à l'orthographe anglaise, il faut alors respecter strictement celle-ci, qui ne comporte pas de *c* dans sa finale !

N.B. : le mot s'abrège souvent, mais d'après la forme anglaise : *un steak.* On n'écrit pas « un steck », qui serait un hybride illogique, puisqu'il n'y a pas ce « steck » dans le mot français ni dans le mot anglais.

Même si l'incohérence ne saute pas tout de suite aux yeux ni aux oreilles, il faut éviter d'employer *bifteck* à propos d'une viande autre que la viande de bœuf (ce « bœuf » qui, rappelons-le, est en fait une… vache). Dire ou écrire « un bifteck de cheval » équivaut à… « un steak de bœuf de cheval » ! Il faut utiliser l'abréviation : « un steak de cheval ».

On n'abrège pas le mot dans l'expression populaire *« Faut gagner son bifteck ! »,* c'est-à-dire sa « croûte », sa nourriture, sa vie…

13. Philharmonie, n. f.

Le second *h* de philharmonie est souvent omis, ce qui est étonnant puisque l'étymologie, donc la logique, impose ces deux *h* : l'élément *phil-*, « qui aime », « qui est amateur de », comporte évidemment un *h* ; le second *h* n'est autre que l'initiale d'*harmonie*. Donc : *la Philharmonie de Berlin, l'Orchestre philharmonique de Chicago.*

N.B. : à l'attention des cinéphiles… et des autres, nous signalons que cette bévue – « philarmonie » – fait partie des multiples erreurs qui émaillent les sous-titres français du film muet de Fritz Lang *Le Démon du crime*, deuxième volet de la série de « Docteur Mabuse » (1922).

14. Crack, n. m.

Beaucoup d'hésitations sur l'orthographe des homonymes ou quasi homonymes, *crac*, *crack, krak, krach, craque*… !

Lexicalisé (mentionné par tous les dictionnaires usuels), l'anglicisme *crack*, « fameux », est depuis longtemps utilisé pour désigner un cheval de course ayant remporté de nombreuses victoires, et, par extension, pour parler d'une personne très douée, qui se distingue par ses compétences, ses performances, etc. : *« C'est le crack de l'orthographe ! »*, *un crack jockey*, *des cracks en maths*…

Même orthographe pour un autre *crack*, venu lui aussi de l'anglais, où il signifie « coup de fouet ». Il s'agit de la cocaïne cristallisée basique, fumable, dont l'usage peut entraîner de très graves conséquences psychiques et physiques. Mot masculin : *du crack,* quasiment inusité au pluriel…

Le mot *krak* (des variantes *akrak*, *krac*, voire *crac*, ont existé, mais ne sont plus employées) vient de l'arabe *karak*, et désigne une forteresse construite par les croisés en Palestine et en Syrie. On connaît surtout le *krak des Chevaliers* [majuscule à *Chevaliers*], ouvrage fortifié édifié dans le comté de Tripoli. Le pluriel est : *des kraks.*

L'interjection *crac !* est employée pour exprimer un bruit sec, qui claque : *Le skieur atterrit brutalement dans un sapin. Crac ! fracture du péroné !*

Le nom commun féminin *craque* est un synonyme de « baliverne, galéjade, gasconnade, vantardise, mensonge » : *raconter des craques.* Une expression reposant sur un jeu de mots – *être de Cracovie* ou *venir de Cracovie* – désigne un grand hâbleur, un grand menteur[1].

Le mot allemand *krach*, depuis de nombreuses années lexicalisé, avec un *k* minuscule, est prononcé « krak », ce qui n'est pas rigoureux à l'égard de la langue de Goethe, où il se prononce « krar ». Il désigne une débâcle financière, une banqueroute à la Bourse. Son pluriel se fait « à la française » : des *krachs*.

Intrinsèquement, « krach financier » et « krach boursier » sont des pléonasmes.

N.B. : *crash*, autre anglicisme, se prononce « crach' ». Son pluriel à la française est : *des crashs.* Ce terme désigne l'écrasement d'un avion.

15. Gril, n. m.

Il ne faut pas confondre *gril* et… *grill* ! Le premier de ces mots, pour lequel la prononciation orthodoxe fut autrefois, ou peut-être encore naguère, « gri », et qui de nos jours est prononcé « gril », est un ustensile destiné à faire cuire un aliment à

1. Voir, dans cette même collection, et du même auteur, *Tous les chemins mènent à Rome*, article « Être de Cracovie ».

feu vif. À l'origine, il est uniquement constitué de tiges métalliques parallèles, formant une grille horizontale… L'étymon latin de gril est *craticulum* ; celui de *grille… craticula* !

On appelle *gril*, également, une plaque de fonte striée ayant le même usage.

Saint Laurent (v. 210-258), diacre à Rome, eut l'audace de distribuer aux pauvres les richesses de l'Église au lieu de les remettre au préfet. Que croyez-vous qu'il lui arriva ?... Il fut supplicié sur un gril ardent.

Grill (prononcer itou : « gril ») est une abréviation pour l'anglais *grill-room*, n. m. « restaurant [ou salle] spécialisé dans les grillades ». Le pluriel de *grill-room* est : *des grill-rooms* [la plupart des mots composés d'origine anglaise écrits avec un trait d'union prennent la marque du pluriel uniquement au second élément : *un cow-boy/des cow-boys* ; *une cover-girl/des cover-girls* ; *un road-movie/des road-movies* [et, même dans la variante sans trait d'union, ce dernier mot s'accorde de la même façon].

Au pluriel, *grill* donne : *des grills*, avec un *s*.

L'homonymie ne doit pas conduire à écrire « grille-room » !

N.B. : attention à la nature grammaticale du mot *grille* dans les composés, car l'accord au pluriel en dépend !

a) quand *grille* est un substantif figurant comme premier élément d'un nom composé, celui-ci prend le double pluriel. C'est le cas des noms féminins *grille-corbeille* et *grille-écran,* qui font *grilles-*

corbeilles et *grilles-écrans*, parce qu'il s'agit de corbeilles et d'écrans qui sont en même temps des grilles. Les mots composés de ce type, qui désignent des objets ou des choses ayant une double fonction, un double emploi, une double utilité, prennent en effet le double pluriel : *des portes-fenêtres*, des *tiroirs-caisses*...

b) au contraire, *grille* reste invariable quand il s'agit de la forme conjuguée du verbe *griller* : *un ou des grille-marron(s)* ; *un ou des grille-pain* ; *un ou des grille-midi* [nom populaire de l'*Helianthenum guttatum*, un petit hélianthème ; les hélianthèmes sont, pour la plupart, des plantes d'un jaune doré, d'où leur nom issu du grec : « fleurs du soleil ».]

16. Acquit, n. m.

Un *acquit* est une quittance, la reconnaissance d'un paiement : *bon pour acquit*, *par manière d'acquit* (négligemment). C'est la même graphie (c'est le même mot) dans *par acquit de conscience* : on fait cette chose pour S'ACQUITTER à l'égard de sa conscience.

Le dérivé composé masculin *acquit-à-caution* est un terme de droit sans doute peu connu. Pluriel au premier élément : *des acquits-à-caution.*

Si le verbe *acquitter* et le nom *acquit* vont de pair, c'est du verbe *acquérir* qu'est issu l'adjectif et nom *acquis*, avec un *s*. *Acquis* est, tout d'abord, le participe passé d'*acquérir*... Emploi adjectival : *les biens acquis*, *la chose acquise.* Emploi substantivé : *Les salariés défendaient âprement leurs acquis, difficilement obtenus ; les acquis de l'enfance servent toujours à l'adolescent, puis à l'adulte.*

17. Glu, n. f.

Il ne faut pas se laisser influencer par des produits de marques étrangères. Celles-ci proposent sous la graphie ANGLAISE *glue* différentes colles, à forte adhérence, généralement.

En français, *glu* est un mot de trois lettres, et l'un des rares mots féminins se terminant par *u*, avec *bru*, *tribu* et *vertu.*

Ne pas confondre les homonymes *tribu*, nom féminin, « groupe de familles, peuple », et *tribut*, nom masculin, « impôt ».

Le mot *vertu* a donné lieu à de fines charades, joliment tournées, et qui se recoupent :

1° *À Madame la marquise de Villette*
Faible et nu, mon premier et dévore et digère
Sujets et rois, sages et fous.
J'aime mieux le second que vous,
Et vous savez combien vous m'êtes chère.
Aussi malgré mon désir de vous plaire,
Entre le tout et moi, sans que je sois jaloux,
C'est ce terrible tout que votre cœur préfère.
(Ver - tu : vertu.)

2°*Mon premier de tous temps excite les dégoûts.*
Mon second est cent fois plus aimable que vous.
Quant à mon tout, hélas, dont vous êtes l'image,
Tout haut j'en fais l'éloge... et tout bas j'en enrage.
(Ver - tu : vertu.)

18. Ès, prépos.

La préposition *ès* est une contraction archaïque de *en les*. En vieux français, on pouvait dire *se promener ès bois* pour « se promener dans les bois ». Le mot n'est plus usité que dans les expressions *ès lettres* et *ès sciences*, après les mots *docteur*, *licence*, etc., et dans la locution *ès qualités* : *ayant parlé ès qualités, le député pouvait exciper de l'immunité parlementaire.* (Il n'y a pas de trait d'union entre *ès* et le terme qui suit.)

Il faut donc avoir à l'esprit que *les*, contenu dans *ès*, est un pluriel : il est donc absolument impossible d'utiliser cette préposition devant un mot au singulier ; ce serait une faute grammaticale grave, une impropriété inexcusable.

Moyen mnémonique : « *ès* ne précède que des mots en *s* ! » [… et parfois en *x*].

Bien sûr, dans le registre léger, persifleur, ironique, etc., on peut utiliser *ès* devant des mots moins attendus, à condition qu'ils soient au pluriel : *expert ès machines à sous*, *de grands connaisseurs ès saumur-champigny et reuilly…*

La préposition figure dans quelques noms de lieux : *Saint-Pierre-ès-Champs* (Oise) ; *Saint-Riquier-ès-Plains* (Seine-Maritime)… (Il s'agit de noms d'entités politiques et administratives : des communes, donc il est normal qu'il y ait des traits d'union partout.)

19. Maroquin, n. m.

Les deux mots *marocain* et *maroquin* ont la même origine, mais non la même orthographe… Le gentilé, ou ethnonyme, désignant ou qualifiant ce qui a un rapport avec le Maroc, s'écrit *marocain* quand il est adjectif, *Marocain* avec une majuscule quand il s'agit du nom propre : *des villages marocains, les paysages marocains, les côtes marocaines…* ; *des Marocains, de jeunes Marocaines…*

Le nom commun masculin *maroquin* désigne une peau de chèvre tannée au sumac (le sumac est un arbre des régions chaudes dont on tire des laques, des vernis et des tanins) ou avec d'autres produits végétaux. Les dérivés sont *maroquinage*, n. m. ; *maroquiner*, v. tr. ; *maroquinerie*, n. f. ; *maroquinier, -ière*, n.

Par extension, et d'après le cuir employé pour fabriquer la grande enveloppe contenant des dossiers, des papiers, et faisant partie des attributs ministériels, on appelle *maroquin* le poste, la fonction, de ministre : *Adhémar Miton a obtenu le maroquin de la Culture.*

N.B. : on met OBLIGATOIREMENT une majuscule aux noms de natifs et/ou habitants d'un lieu quelconque de la planète, puisque ce sont des noms propres :

– les Danois – des Sud-Coréens
– des Allemands – les Anglo-Saxons
– les Méridionaux – des Bretonnes
– des Eurasiennes – les Parisiens
– les Romains – des Basques espagnols
– des Flamands – des Franco-Canadiens

– des Suisses allemands – les Sioux Hunkpapa(s)
– les Francs Ripuaires – des Haut-Rhinoises
– des Bantoues – des Altoséquaniens
– des Nancéiens – des Écossais
– des Canadiens français – des Britanniques
– les Indo-Européens – des Indiens Algonquins

mais, quand les gentilés, ou ethnonymes, sont employés adjectivement, il n'y a plus de majuscules : *Il est français* ; *le flegme anglais* ; *des assiettes anglaises* ; *les ports islandais* ; *les côtes norvégiennes* ; *elle est issue d'un père kabyle et d'une mère portugaise...*

N.B. : il n'y a pas de trait d'union entre le nom d'un peuple (Sioux) et le nom d'une de ses composantes, puisque ce ne sont pas des éléments se situant au même niveau (les Hunkpapa ou Hunkpapas constituent un des principaux clans de la nation lakota ; *des Sioux Lakota(s)* ; exemples comparables : *des Indiens Iroquois*, *des Gaulois Bituriges...*).

20. Erroné, adj.

On constate avec étonnement un grand nombre d'... erreurs dans l'écriture de ce mot.

Étant de la famille d'*erreur*, justement, *erroné(e)* s'écrit donc logiquement avec deux *r* ! Et il en va de même de l'adverbe *erronément*, « à tort », « d'une manière erronée ».

Rien ne justifierait le doublement du *n*...

21. Porte-avions, n. m.

« On ne respecte que ce qui a du sens », a écrit le professeur Jacques Le Goff, dans un « point de vue » paru dans *Ouest-France* il y a peu de temps. Cela à propos de l'orthographe… Le professeur rejoignait ainsi notre constante affirmation : « On instruit bien, on fait bien comprendre, en transmettant le savoir avec logique, bon sens, clarté et précision. » C'est une mauvaise action que d'instiller dans de jeunes cerveaux des non-sens, des illogismes…

Il est stupide, ainsi, de proposer la graphie *porte-avion.* Il est bien évident, même pour un enfant, qu'un *porte-avions* est construit pour transporter plusieurs aéronefs, plusieurs avions de chasse, etc. La graphie intelligente, qui ne brouille pas le raisonnement, est EXCLUSIVEMENT : *un porte-avions* ; *des porte-avions.*

C'est le même respect de l'intelligence, la conviction absolue qu'il faut enseigner, instruire, cultiver, avec bon sens, qui nous fait écrire : *un sèche-CHEVEUX, une brosse à DENTS, un compte-GOUTTES, des PUR-SANG, des timbres-*POSTE, *des perce-NEIGE, une boîte à OUTILS, des gratte-CIEL, des pince-sans-RIRE…*

22. Nouveau-né, adj. et n.

Le composé *nouveau-né,* adjectif et nom, s'accorde en genre et en nombre, mais en ne modifiant que son second élément (*né*), le premier (*nouveau*) étant considéré comme adverbial, donc invariable : *une fille nouveau-née, des nouveau-nés prématurés, des filles nouveau-nées, des enfants nouveau-nés*… La signification est donc « [tout] nouvellement née, nés, nées, nés ».

Attention, alors, aux impropriétés telles que : « des nouveau-nés de trois mois » ! Très rigoureusement, la notion de nouveau-né s'arrête à vingt-huit jours. Au-delà, on emploie *bébé, nourrisson*…

De la même façon, dans *mort-né*, seul *né* varie en genre et en nombre, parce que *mort* est considéré comme étant en emploi adverbial : *une enfant mort-née, des filles mort-nées, des enfants mort-nés, une mort-née, des mort-né(e)(s).*

Au contraire, dans *premier-né*, adjectif et nom lui aussi, *premier* garde son caractère d'adjectif, et les deux éléments s'accordent en genre et en nombre : *la fille première-née, les filles premières-nées, les enfants premiers-nés, les premières-nées, les premiers-nés.*

Idem pour *dernier-né*, adjectif et nom : *la fille dernière-née, les enfants derniers-nés, les filles dernières-nées, les derniers-nés, la dernière-née, les dernières-nées.*

Ne pas oublier le trait d'union dans tous ces mots composés.

23. Mille, adj. num. card.

Quand *mille* est un adjectif numéral cardinal, c'est un mot INVARIABLE : *trois mille euros.*

Même quand il est substantivé, il reste invariable : *gagner des mille et des cents*. Dans cette expression, *cent*, considéré comme équivalant à *centaines*, s'accorde. *Mille* demeure invariable, alors qu'on peut arguer qu'il est mis pour *milliers*...

Invariabilité aussi dans *l'an deux mille*, mais ici *mille* est un adjectif numéral ORDINAL, signifiant « la deux millième année ». Son invariabilité se justifie donc.

Naturellement, *mille* s'accorde lorsqu'il est substantif : *être à 10 milles marins de la côte* ; *les Mille Milles* (traduction française du nom italien des *Mille Miglia*, nom d'une épreuve automobile qui se déroulait sur 1 600 kilomètres sur le circuit Rome-Brescia-Rome) : le premier *Mille* est invariable, car il s'agit de l'adjectif numéral cardinal ; le second s'accorde (*Milles*), parce que c'est le NOM français de la mesure anglaise de distance terrestre de 1 609 mètres, le *mile.*

(Moyen mnémonique pour retenir « 1 609 » : *« un ciseau neuf »* [un – six – O (= zéro) – neuf].)

24. Prêt, adj.

Les confusions entre les deux homonymes *prêt*, adjectif, et *près,* adverbe, sont très fréquentes.

Il faut savoir que *prêt* se construit avec *à* : *elles sont prêtes à tout*, tandis que *près* est, sauf quelques exceptions, suivi de *de* : *elles sont près d'arriver.*

Nous sommes prêts à sortir signifie que nous avons pris nos dispositions pour sortir. *Nous sommes près de sortir* signifie que nous sommes « sur le point » de sortir, que nous y soyons apprêtés ou non.

Mme X... peut être *près d'accoucher* ; elle peut *y être prête*, *être prête à accoucher, s'y être apprêtée...* si elle a été prévoyante.

Avec *près*, le *de* est omis dans certaines formulations : *à Saint-Ouen près Paris* ; en style judiciaire : *expert près les tribunaux*.

25. Eh !, interj.

Interjection exprimant la surprise, la contradiction, parfois la joie, *eh !* est souvent confondue avec la conjonction de coordination *et*. Il est loin d'être rare, en effet, de voir des « et bien » où il faudrait « *eh bien,* » ou « *eh bien !* ».

Virgule ou point d'exclamation, selon le ton employé : *« Eh bien, voici ce qui s'est passé :… »* ; *« Eh bien ! Qui aurait dit que… ! »*

Les deux interjections *eh !* et *hé !* ne sont qu'occasionnellement interchangeables… Par exemple, *hé !* a une fonction d'appel qui est absente de *eh !* : *« Hé, vous, là-bas ! Que faites-vous ?... »*

C'est *eh* que l'on retrouve dans : *eh oui…*, *eh non !, eh quoi !?...*

26. Noir de jais, adj. de couleur

Le mot *jais* désigne une variété de lignite. Le lignite est une roche d'origine organique résultant de la décomposition de débris végétaux. Le jais, d'un noir brillant, peut être poli et taillé.

Pour parler d'une chose d'un noir brillant, on fait donc référence au jais : *noir de jais* reste invariable, car il s'agit d'une ellipse au sens de « qui est d'UN noir comparable à celui du jais » (*des cheveux noir de jais, des chevelures noir de jais…*).

Une erreur très fréquente, due à la méconnaissance du mot *jais*, d'une part, et à la méconnaissance de la couleur du plumage du *geai,* d'autre part, entraîne à écrire erronément « noir de geai ». En fait, le geai, joli passereau, a un plumage brun clair, beige, tacheté de blanc, de bleu et de noir : rien de comparable avec la couleur du corbeau, de la corneille… ou du lignite !

27. Conclure, v. tr.

Le verbe *conclure* a une conjugaison complète, sans grandes difficultés. Le participe passé en est : *conclu(e)*.

Beaucoup de personnes ajoutent, au futur et au conditionnel, un *e* aussi erroné que superfétatoire (« je concluerai », « nous concluerons », « je concluerais », etc.). Il n'existe pas de verbe « concluer » !

Même remarque pour les verbes *exclure*, *inclure*, *occlure* et *reclure* : *j'exclurai*, *vous exclurez* ; *tu incluras*, *nous inclurons* ; *vous excluriez* ; *ils incluraient* ; etc.

28. Féerie, n. f.

Le substantif féminin *féerie*, l'adjectif *féerique*, l'adverbe *féeriquement*, de la famille de *fée*, comportent donc un *e* médian sans accent (une faute courante consiste à écrire « féériquement »).

Les linguistes et grammairiens n'ont pas tous le même avis quant à la prononciation de *féerie* (et de *féerique* et *féeriquement*). Pour les uns, on doit dire « féri » ; pour les autres, « féeri », « fééri ».

N.B. : les poètes classico-romantiques évitent d'employer ce mot, qui, selon eux, à cause de l'*e* muet intercalaire, eût comporté trois pieds (fé-e-rie), dont un imprononçable, celui du milieu ; ils n'avaient pas la ressource, comme dans *engouement* ou dans *tuerie*, de supprimer l'*e* médian et de le remplacer par un accent circonflexe sur la voyelle précédente, puisque le premier *e* de *féerie* a déjà un accent aigu. Ils se résignaient donc à ne pas utiliser le mot en poésie.

Homonyme (ou quasi homonyme, selon la prononciation de *féerie*...) : *férie*, nom féminin désignant les jours ouvrables ; au sens catholique, chaque jour autre que le samedi et le dimanche.

29. Béni / bénit, part. passé, adj.

Le verbe *bénir* a deux participes passés : *béni* et *bénit*. Au XIXe siècle, on a voulu distinguer entre le premier, doté d'un sens général, et le second, dont l'acception se restreignait à la bénédiction rituelle. Aujourd'hui, *bénit* n'est plus usité qu'adjectivé, *du pain bénit*, *une médaille bénite*, *de l'eau bénite*, *des cierges bénits*, *des chapelets bénits*, etc., et, comme participe passé, uniquement à la FORME PASSIVE, et à propos d'un OBJET, d'une CHOSE, auxquels un prêtre donne la bénédiction rituelle : *Ces médailles ont été bénites par le cardinal Dubois* ; *les nouveaux vitraux seront bénits par Mgr l'archevêque* ; *ce pain brioché a été bénit par M. le curé.*

Mais : *Le mariage des Martin-Delaborde sera béni par le père Lebon* (voir ci-après : un mariage N'EST PAS une chose, N'EST PAS un objet).

Dans tous les autres cas, on écrit *béni(e)* :

– À la forme active ou à la forme passive, quand il ne s'agit pas d'une bénédiction rituelle donnée par un religieux : *Cette terre est bénie des dieux !* ; *les parents ont béni leurs enfants partant en exil* ; *ces gens sont bénis de Dieu !*

– En tant que participe passé, dans un temps composé de la voix ACTIVE, quand le complément est un objet auquel le prêtre donne la bénédiction rituelle : *Ces médailles que le pape lui-même a bénies…* ; *il reste du pain que l'évêque a béni !*

– Quand – que ce soit à la forme active ou à la forme passive – la bénédiction rituelle porte sur AUTRE CHOSE QU'UN OBJET : *La foule a été bénie par le cardinal Berthier* ; *le curé a béni les fidèles…*

30. Pouls, n. m.

Pouls se prononce « pou », certes, mais ce n'est pas une raison pour adopter une orthographe fautive ! La graphie correcte reflète l'étymologie : le latin *pulsus* [*venarum*], « battement [artériel] ». Le *l* et le *s* se retrouvent dans *pulsation*, issu du latin *pulsatio…*

Rappelons que *pou* fait partie des mots en *-ou* prenant un *x* au pluriel (*bijou, caillou, chou, genou, hibou, joujou, pou…* auxquels il faut ajouter *ripou*, verlan de *pourri*, qui fait son pluriel soit avec un *s*, soit avec un *x*[1].)

N.B. : quand on dit *laid comme un pou,* il s'agit bien de l'insecte. Mais celui-ci n'a rien à faire dans l'expression *être fier comme un pou* (... à quoi se serait-on aperçu que le pou était fier !! ?) : il s'agit d'une déformation des vieux mots *pouil*, *poul*, désignant un poulet, un coq. On dit bien, d'ailleurs, *fier comme un coq* : ce volatile a une démarche quasiment arrogante, orgueilleuse...

On écrit : *pou-de-soie*, *poult-de-soie*, *pout-de-soie* (variantes anciennes : *poul de soie*, *pout de soye*), avec la prononciation « pou », à chaque fois, le nom d'une étoffe de soie sans lustre et unie. Les pluriels respectifs sont : *des poux-de-soie*, ou *pous-de-soie* ; *des poults-de-soie* ; *des pouts-de-soie.*

31. Plaidoirie, n. f.

Il n'y a pas de *e* médian après *oi* : *plaidoirie* n'appartient pas à la famille de mots comprenant un verbe se terminant en *-ier*, *-ayer*, *-oyer*, *-ouer* ou *-uer*, mais est lié au verbe *plaider*.

En revanche, un *e* s'intercale entre la racine et le suffixe *-ment* dans les noms dérivés des verbes appartenant aux catégories mentionnées ci-dessus :

-ier : remercier à remerciement
-ayer : payer à paiement
-oyer : aboyer à aboiement

1. Le mot pluriel désignant un plat auvergnat ou rouergat à base de tripes de mouton roulées en paquet s'écrit *tripoux* ou bien *tripous.*

-ouer : s'enrouer à enrouement
-uer : dénuer à dénuement
Exception : châtiment (de *châtier, pourtant...*)

32. Possible, adj. et n. m.

Adjectif épithète ou attribut, *possible* s'accorde normalement : *Le gouvernement a mis en place tous les dispositifs de prévention possibles* (la signification est : « tous les dispositifs disponibles, réalisables, qui peuvent être mis en place ») ; *avec la neige, des retards sont possibles* (= « qui peuvent se produire »).

Autres exemples d'accord : *Elle a usé de tous les moyens possibles pour rester secrétaire d'État* ; *seuls ces trois parcours sont possibles quand il y a de la neige.*

Mais le mot doit rester invariable, parce qu'inclus dans une locution adverbiale, quand il est employé ainsi : *J'ai vu le plus de gens possible* ; *Estelle a fait le plus de bêtises possible.* En effet, *possible* n'est pas le qualificatif de *gens* ni de *bêtise* ; ce ne sont pas les gens ni les bêtises qui sont « possibles ». Le sens est : « J'ai vu le plus possible de gens » (le plus que j'ai pu voir) ; « Estelle a fait le plus possible de bêtises » (le plus qu'elle a pu faire).

L'accord au pluriel est... possible dans le cas suivant : si l'on prend la fameuse formule « Tout est pour le mieux, dans le meilleur des mondes POSSIBLES », on considère que *possible* ne se rapporte pas à un pronom impersonnel sous-entendu, mais au pluriel *mondes* (au sens de : « le meilleur des mondes parmi tous les mondes qui ont la possibilité d'exister »).

Toutefois, l'invariabilité serait licite si l'on admettait comme signification : « le meilleur des mondes qu'il soit possible d'imaginer » !

De la même façon, deux options peuvent être retenues, avec la nuance – importante – de signification :

– « choisissons la meilleure des solutions possible » = choisissons la meilleure possible des solutions ;

– « choisissons la meilleure des solutions possibles » = choisissons la meilleure solution parmi toutes celles qui sont possibles.

33. Chère, n.f.

Lorsque la nourriture servie à table est abondante et excellente, les convives peuvent dire qu'ils ont *« fait bonne chère »* ! Ce dernier mot, qu'il faut bien se garder d'écrire *chair* (seuls des ogres sanguinaires pourraient oser cela…), vient du grec *kara.* À l'origine, le sens était « faire bon visage », « faire bon accueil ».

Lorsque l'on reçoit avec amabilité, avec alacrité (entrain), des invités, c'est que l'on est disposé à les « régaler » le mieux possible : les hôtes (les maîtres de maison) accueillent leurs… hôtes (au sens d'« invités », cette fois : curiosité de la langue !) avec des mets succulents, raffinés, servis avec abondance…

N.B. : outre *chair,* terme bien connu, l'adjectif *cher, -ère (nos chers amis)* et l'adverbe viseur *cher*, *chère (Il coûte cher ce nouveau téléviseur)* a encore pour homonymes *chaire* (tribune du prédicateur, du prêtre, dans une église ; estrade ; siège ; poste de professeur en faculté) et *cheire* (en Auvergne, coulée volcanique).

34. Gratte-papier, n. m.

Mot composé à trait d'union constitué d'une forme verbale, *gratte*, et du nom *papier,* figé au singulier par sa signification ici, *gratte-papier* est un vocable invariable. Terme à connotation péjorative, il désigne celui, ceux, dont le travail consiste à écrire, à « gratter du papier ».

En revanche, un *sans-papiers* n'est pas en manque de papier, mais de PAPIERS d'identité, de certificats, d'attestations, etc. Cette fois, c'est le pluriel qui est logique.

35. Sur-le-champ, loc. adv.

La locution adverbiale *sur-le-champ* ne signifie pas « sur le pré », « dans la prairie », « dans le champ »..., mais « tout de suite », « immédiatement ».

La différence d'acception est renforcée par les deux traits d'union, obligatoires : *Il s'est rendu sur-le-champ au chevet de sa mère.*

Bien entendu, donc, pas de trait d'union s'il ne s'agit pas de la locution : *Il a péri sur le champ de bataille.*

36. Sphinx, n. m.

Monstre mythique de l'Égypte pharaonique – à corps de lion et à tête humaine –, le sphinx était sculpté et érigé aux abords de sanctuaires funéraires. Il en était l'impassible gardien… Le mythe se répandit en Grèce, et chacun connaît l'histoire d'Œdipe, qui sut répondre à l'énigme posée par le Sphinx aux portes de Thèbes : « Qu'est-ce qui a quatre jambes le matin, deux à midi et trois le soir ? » (La réponse était « l'homme » : dans la petite enfance, celui-ci se déplace à quatre pattes ; adulte, il se déplace sur ses deux jambes ; âgé, il a besoin d'un bâton, d'une canne…)

Le pays thébain fut débarrassé du monstre qui le terrorisait, car le Sphinx se donna alors la mort.

Une faute fréquente – certainement due à la paronymie… lointaine avec *lynx* – consiste à mettre un *y* au lieu du *i*. Peu usité en dehors d'ouvrages consacrés aux mythologies, il existe un féminin : *sphinge*, également avec un *i*, ce qui est logique.

On écrit *Sphinx*, avec une majuscule, quand il n'y a pas de déterminatif, quand le mot est employé au sens absolu, dans deux cas :

– pour la grande statue de Guizeh (Égypte) : *Nous avons été pris en photo devant le Sphinx ;*

– pour le monstre de Thèbes (Grèce) : *Le Sphinx posait une énigme à tous les voyageurs arrivant à Thèbes.*

Mais on revient à la minuscule, en toute rigueur, quand on écrit, avec un déterminatif : *Le grand sphinx de Guizeh* ; *le terrible sphinx de Thèbes…*

Comme nom commun, et par comparaison, on appelle *sphinx* une personne énigmatique, un individu impénétrable, impassible… Plusieurs hommes d'État ne laissant rien paraître de leurs sentiments, et aux desseins parfois tortueux, ont reçu ce qualificatif, sans que cela devienne un véritable surnom qui aurait justifié une majuscule à *sphinx*

Le mot est également le nom, commun, d'un papillon de nuit, souvent de grande taille.

37. Ovale, n. m. et adj.

La graphie « oval » n'existe pas ! Même au masculin, on écrit *ovale* : *un visage ovale* ; *un bureau ovale* ; *le salon Ovale, à la Maison-Blanche...*

Les adjectifs masculins se terminant sur le son « al » s'écrivent en *-al*, sauf *mâle*, *ovale*, *pâle* et *sale*.

38. Parenthèse, n. f.

Je vous signale, par parenthèse, que je n'habite plus à Paris... L'expression *par parenthèse,* qui signifie « soit dit en passant », est figée au singulier : on fait UNE remarque, UNE digression, UNE parenthèse.

En revanche, c'est naturellement le pluriel qui s'impose dans *entre parenthèses* (*ces problèmes annexes ont été mis entre parenthèses*), et dans *en parenthèses* (*avoir les jambes en parenthèses*, c'est-à-dire arquées).

Ouvrir une parenthèse, autrement dit « commencer une digression », a été une formulation critiquée par certains, comme étant du niveau de langue familier, qui la bannissaient des textes officiels, « sérieux ». C'est une condamnation qui, aujourd'hui, semble bien sévère.

N.B. : il est interdit, parce qu'illogique, de mettre une virgule ou un point-virgule devant une parenthèse. Ces signes de ponctuation ne peuvent que suivre la parenthèse FERMANTE. Un point, même d'exclamation ou d'interrogation, placé devant une parenthèse ouvrante, implique obligatoirement une majuscule derrière celle-ci.

39. Debout, adv.

Debout est un adverbe, donc un mot invariable : *Après le séisme, il n'y avait plus que trois ou quatre maisons debout !* ; *« Tous debout, vite ! »* ; *des vents debout* ; *la magistrature debout...*

40. Millionième, adj. num. ord.

Adjectif numéral ordinal, *millionième* ne prend qu'un *n*, contrairement à *millionnaire*, nom et adjectif, qui en prend deux. – La disparition de cette discordance injustifiée pourrait faire partie des améliorations qui constitueraient une simplification intelligente de l'orthographe, beaucoup plus intelligente que celle consistant à introduire dans la tête de scolaires des non-sens et des illogismes tels que « un sèche-cheVEU » et des « perce-neiGES ».

N.B. : *million* est un nom commun, pas un adjectif numéral. Il s'accorde donc toujours au pluriel.

41. Laisser, v. tr.

Le participe passé *laissé*, quand il est suivi de *à* puis d'un infinitif, peut ou non s'accorder, selon le sens de la phrase : 1° *les mystères qu'on m'a laissé à éclaircir* ; 2° *les montres qu'on m'a laissées à réparer* (*laisser* a ici un sens matériel qui incline à l'accord : on m'a vraiment laissé en dépôt ces montres – complément d'objet direct placé devant le verbe – pour que je les répare, tandis qu'on ne m'avait pas réellement laissé des mystères pour que je les éclaircisse ; on m'avait seulement laissé le soin de les éclaircir…). C'est le même cas que pour *eu à* et *donné à* suivis d'un infinitif. Mais, avec *laissé à*, on sera, si l'on hésite, plus tenté d'accorder que d'opter pour l'invariabilité : l'usage le démontre chez les auteurs.

Si l'infinitif suit directement *laissé*, sans être introduit par une préposition, le participe passé s'accorde avec le complément direct chaque fois que le personnage représenté par ledit complément FAIT l'action exprimée par l'infinitif attribut ; exemple : *je les ai, ces deux gamines, laissées dormir* ; ici, le complément d'objet direct est *les*, pronom personnel représentant les deux petites filles : ce sont bien elles qui font l'action, c'est-à-dire qui dorment, donc accord !

Mais *laissé* ne s'accorde pas si le(s) personnage(s) que représente le pronom ou le nom complément direct SUBIT l'action au lieu de la faire : *Ces étudiantes, je ne les ai pas laissé insulter par des voyous.* Ce ne sont pas les étudiantes qui insultent, mais elles qui sont insultées, donc invariabilité du participe passé.

Le participe passé *laissé* a été substantivé au féminin pluriel : *laissées*. Les *laissées* sont, en vénerie, la fiente des sangliers.

– *laisser-aller* : nom masculin invariable, à trait d'union, formé de deux infinitifs comme *laisser-faire ;*

– *laisser-courre* : nom masculin invariable, à trait d'union, comportant l'infinitif du vieux verbe *courre* (aujourd'hui *courir*) ;

– *laissez-passer* : nom masculin invariable, à trait d'union, tiré de l'ordre : « Laissez passer ! », d'où la forme conjuguée à l'impératif comme premier élément.

La locution adjectivale *laissé pour compte* (sans traits d'union) : *des articles laissés pour compte*, *des marchandises laissées pour compte*, a été substantivée, avec des traits d'union : *un(e) laissée(e)-pour-compte, des laissé(e)s-pour-compte.*

42. Terre-plein, n. m.

Un *terre-plein* est une plate-forme constituée de terre. Ce talus est donc « plein de terre ». *Terre*, nom de matière indénombrable, est forcément invariable, tandis que *plein* s'accorde. Le mot composé étant masculin, au pluriel on a donc : *pleins*. Par conséquent, l'orthographe exacte est : *un terre-plein*, *des terre-pleins*.

Attention aux confusions avec *de plain-pied*, locution forgée avec l'adjectif masculin *plain*, « plat, plan, uni ». *De plain-pied* signifie « au même niveau » : *une maison de plain-pied* n'a pas d'étage, toutes les pièces sont au rez-de-chaussée.

Le *plain-chant* (pluriel : *des plains-chants*) est un chant d'église médiéval à UNE voix.

N.B. : en Belgique, *tapis plain* équivaut à « moquette ».

43. Filtre, n. m.

Les erreurs d'orthographe peuvent être dues à l'homonymie. Ainsi avec *filtre*, nom masculin, « appareil ou ustensile » servant à « filtrer », qui se prononce exactement comme *philtre*, nom masculin, « breuvage supposé magique »…

Un philtre d'amour, *le philtre de Tristan et Isolde*, *un philtre de vérité*, etc.

Des filtres à café, *des* [*cafés*](-)*filtres*, *un filtre antiparasite*, *des filtres de cigarettes*…

44. Chrysanthème, n. m.

La connaissance de l'étymologie est très souvent d'une grande aide pour mémoriser l'orthographe… Ainsi, prenons le *chrysanthème* : il s'agit généralement d'une plante à fleurs jaunes. Issu du grec, son nom est formé de l'élément *khrusos*, « or », et d'un autre mot grec, *anthemon*, « fleur » – le *u* grec devenant le plus souvent un *y* dans le nom français.

Le *ch* initial se prononce « k » dans *chrysanthème* comme dans les autres mots forgés sur *chryso-* : *chrysobéryl*, nom masculin d'une pierre précieuse ; *chrysalide* ; *chryséléphantin(e)*, adjectif qualifiant un objet (une sculpture) où se mêlent l'or et l'ivoire [grec *elephas*, « ivoire »] ; *chrysolite*, nom féminin, pierre fine ; etc.

On retrouve *anth-*, « fleur », dans *anthère*, nom féminin désignant la partie supérieure de l'étamine des plantes à fleur ; *anthologie*, nom féminin, « recueil de morceaux choisis d'œuvres littéraires ou musicales » (d'*anthos* et de *legein*, « choisir ») ; *anthémis*, nom féminin d'une plante herbacée aromatique.

45. Lacs, n. m.

Il ne faut pas confondre le nom masculin *lacs*, qui prend un *s*, même au singulier, est de la même famille que *lacet* et se prononce « lâ » (le *c* et le *s* étant muets, comme dans *entrelacs*), avec le mot *lac* (*les lacs du bois de Boulogne, à Paris*). Car cette confusion entraîne des quiproquos : *tomber dans le lacs*, c'est se faire prendre par un cordon, par un collet de chasse ou de braconnage. Au sens élargi, figuré, c'est tomber dans un piège… Alors qu'un projet qui *tombe dans le lac* est une affaire ratée, qui « tombe à l'eau » !

N.B. : l'interjection *las !* ne se dit plus souvent, ne s'écrit plus qu'en style plaisant, pour « hélas », dont elle est un raccourci (il n'y a donc aucune raison de vouloir mettre un accent grave sur le *a*).

« Le temps s'en va, le temps s'en va, madame. / Las, le temps, non, mais nous nous en allons. » (Ronsard.)

46. Cela, pron. dém.

Il n'y a pas d'accent grave sur le *a* du pronom démonstratif *cela*. La faute est fort répandue, toutefois, probablement sous l'influence des adverbes de lieu *çà* et *là*.

N.B. : *cela* renvoie à quelque chose qui a été dit ou écrit précédemment, alors que *ceci* annonce ce qui va être dit ou ce qui va être écrit. Exemples : *Cela dit, on peut envisager les choses autrement* ; *rien ne sert de courir, il faut partir à point : chacun sait cela !* ; *rappelez-vous ceci : tout arriviste vit aux dépens de ceux qu'il flatte successivement* ; *cet organisateur de Salons a perdu une bonne partie de sa fortune personnelle en reprenant cette équipe de football aux résultats calamiteux, mais il jouit d'une immense popularité dans toute la région* : ceci [la popularité] *compense peut-être* cela [la perte d'argent].

47. Vau-l'eau, (à) loc. adv.

La locution adverbiale *à vau-l'eau* (noter le trait d'union) est souvent mal orthographiée, parce que sa signification précise est méconnue… Quand on laisse, par négligence, par lâcheté ou par lassitude, tout aller *à vau-l'eau*, c'est comme si l'on renonçait à empêcher un ou des cours d'eau de s'écouler en bas, dans la vallée, dans un val… *À vau-l'eau* dérive de *vau*, forme ancienne de *val*. Un *veau* n'a rien à faire ici, ni *vaut*, forme conjuguée de *valoir*.

« [...] *Les passages / Des générations à vau-l'eau dans les âges* » (V. Hugo, *La Légende des siècles*).

48. Frais, n. m. plur.

Au sens de « dépenses », frais est un nom masculin PLURIEL (on ne dit pas : « J'ai un gros frais, ce week-end ! », mais : *« J'ai eu de gros frais »*). Cela OBLIGE à mettre *aucun* au pluriel *(aucuns)* quand les deux mots sont accouplés, par dérogation exceptionnelle à la règle qui, en général, maintient *aucun* au singulier : *Il a trouvé une combine pour séjourner en Italie sans aucuns frais !*

N.B. : les homophones *frai* (sans *s* au singulier) désignent respectivement : 1° l'époque de la reproduction chez les poissons (*la période du frai*), les œufs des poissons (*un frai abondant*) et les petits poissons des rivières (*la récente pollution a détruit une bonne partie du frai*) ; 2° l'usure des pièces de monnaie (*le frai entraîne la perte non négligeable d'une quantité de métal*).

Notons encore que le féminin de l'adjectif *frais* s'écrit avec un accent circonflexe sur le *i* : *fraîche.* Idem pour *fraîchement*, *fraîcheur* et *fraîchir.*

49. Ballottage, n. m.

Le député sortant est en ballottage défavorable : il faut deux *l* et deux *t* à *ballottage,* comme à *ballottade* et à *ballottement...* et au verbe *ballotter.*

Ballottade, nom féminin, désigne le saut d'un cheval les quatre fers en l'air ; un *ballottement* est le mouvement d'un être ou d'une chose qui sont secoués, agités ; *ballottage* ne s'emploie qu'au sens politique… Lorsque, à la surprise générale, le général de Gaulle avait été mis en ballottage au premier tour de l'élection présidentielle de 1965, le *Canard enchaîné* avait qualifié le président sortant de *« Charlot le ballotté »*. Il n'est pas sûr que ce surnom persifleur ait été très goûté au « château »…

Les dictionnaires se sont divisés sur *ballot(t)in*, de la famille de *ballot*, nom masculin d'un emballage pour confiseries, pour chocolats. Aujourd'hui, c'est la variante *ballotin* (deux *l*, un seul *t*) qui semble avoir triomphé dans l'usage. Pour *ballottine*, petite galantine roulée, une nette majorité de dictionnaires se prononcent pour les deux *l* et les deux *t*.

50. Hâler, v. tr.

« Le soleil hâle la peau de certains, brûle les peaux trop pâles… » Attention aux quiproquos burlesques qui peuvent découler de phrases quasi homonymiques telles que *se laisser hâler* (se laisser brunir, se laisser bronzer), *se laisser haler* (se laisser tirer, traîner, remorquer, voire hisser) et *se laisser aller* (s'abandonner à…, ne plus réagir).

Les deux *h* de *hâler* et de *haler* sont aspirés.

– *Un teint hâlé ; le hâle convient bien à cette actrice ; son visage s'est hâlé* (*plutôt que « son visage a hâlé »*).

Un chemin de halage ; les matelots ont halé à bord le canot pneumatique ; les percherons halaient les péniches sur les canaux…

51. Annaliste, n.

Analyste, nom désignant un technicien, un spécialiste qui procède à des analyses, est un terme connu de tous. En revanche, il est moins sûr qu'*annaliste*, son homonyme, soit un nom qui n'ait pas besoin d'être défini… Un(e) *annaliste* (on ne voit pas pourquoi certains dictionnaires font de ce vocable un substantif exclusivement masculin) est un historien ou une historienne qui rédige des annales.

En droit, l'*annalité*, nom féminin, c'est le caractère de ce qui dure un an (*annalité d'une location*). *Annal(e)* est un adjectif signifiant « qui ne dure qu'un an ». Les annales – nom féminin et toujours pluriel – sont donc, au sens strict, l'histoire d'un règne, la relation d'une guerre, l'histoire d'un pays écrites année par année (*les annales de la France de 1868*). Par extension, ce peut être l'histoire de tel ou tel milieu, des origines jusqu'à aujourd'hui, ou sur une période précise (*Annales théâtrales, 1897-1914*).

52. Soufre, n. m.

Corps simple de symbole S, le *soufre* est de la famille du verbe *soufrer* (*soufrer une plantation*). Les deux mots s'écrivent avec un seul *f*. On retrouvera cet unique *f* dans le nom du volcan – actif – de la *Soufrière*, en Guadeloupe. Surnommé « la Vieille Dame », ce volcan doit son nom au fait que de son dôme s'échappent, par plusieurs entailles, des vapeurs sulfureuses.

Homonyme, la forme conjuguée (*je souffre*, *elle souffre*) du verbe *souffrir* (3e groupe : *souffrant*) s'en distingue par ses deux *f.*

53. Davantage, adv.

Adverbe, au sens de « plus, encore plus », *davantage* ne doit pas être confondu avec *d'avantage*, par attraction homonymique. Les deux phrases *Il n'y a pas d'avantage à changer de route* et *Il n'y a pas davantage à changer de route* ne revêtent pas la même acception, et la faute d'orthographe éventuelle entraînerait un faux sens… Dans le premier cas, on veut dire que changer de trajet ne présente aucun intérêt ; la seconde phrase signifie qu'il n'y a pas plus de raisons de changer de route que de… [comparaison avec une action projetée dont on a déjà parlé].

N.B. : selon les « hyper-puristes », *davantage* doit, de façon exclusive, être utilisé au sens absolu : *J'en veux davantage !* ; *je ne puis en souffrir davantage.* Si l'on écoute les mêmes, les tournures *davantage de* et *davantage que* sont à rejeter (toutefois, ils condamnent moins sévèrement la première que la seconde), et il faudrait constamment employer *plus de* et *plus que* : *J'en ai plus que toi, des DVD !* ; *du talent, tu en as plus que ce présentateur-producteur surfait !*

Déjà, il y a plus d'un siècle, Littré marquait sa réserve, voire son opposition, face à ces considérations censées être puristes… et que très peu d'auteurs contemporains observent. L'usage courant a entériné complètement *davantage de* et presque autant *davantage que* !

54. Rêne, n. f.

L'homonymie est une grande pourvoyeuse de bévues plus ou moins graves, plus ou moins burlesques. Les lecteurs de la presse quotidienne sont sans doute étonnés de voir assez souvent, dans des sarticles, de curieux « poteau rose » en lieu et place de la locution *pot aux roses* ! On relève fréquemment, aussi, des phrases où figurent les « reines du père Noël », « les rennes de l'État » et les « rênes du Grand Nord »…

– La lanière qui sert à guider, à diriger un cheval, est une *rêne* (*tenir ferme les rênes de l'attelage*), du latin *retinere*, « retenir ».

– Une souveraine, ou une femme de roi, est une *reine* (*la reine Margot, la reine Élisabeth II*), du latin *regina ;*

– Le *renne* (norvégien *ren*) est un grand quadrupède du Grand Nord européen. (Le *caribou* est un renne d'Amérique du Nord.)

N.B. : pour continuer avec d'autres quadrupèdes, signalons que l'*élan* est un grand cerf d'Europe et d'Amérique. En Amérique du Nord, il prend le nom d'*orignal* (ne pas dire ni écrire « original » !).

L'*éland* (avec un *d* final) est une grande antilope du sud et de l'est de l'Afrique.

55. Parti, n. m.

Le nom masculin *parti* figure dans les expressions *prendre parti pour* [Dupont, Dubois ou Durand], « prendre position pour » ; *prendre son parti* [des événements], « accepter la tournure des événements » ; *tirer parti de,* « utiliser au mieux de ses intérêts » ; *esprit de parti*, « sectarisme, partialité en faveur de son camp » ; *hésiter entre deux partis,* « hésiter entre deux positions, deux solutions, deux clans… »

Mais, dans *prendre à partie*, c'est le mot féminin *partie* que l'on doit écrire : on s'attaque à quelqu'un qui est, qui serait, une des parties prenantes dans une affaire. *Partie,* en droit, désigne chacune des personnes qui plaident l'une contre l'autre : *Le juge doit trancher entre les deux parties, ou les amener à une conciliation* ; *un accord laborieusement obtenu pourrait donner presque satisfaction aux deux parties* ; *on ne peut être juge et partie…*

56. Succéder, v. tr. ind.

De nombreuses fautes d'accord sont commises avec le participe passé du verbe *succéder*. Peut-être parce que son emploi fréquent à la forme pronominale (*se succéder*) fait croire qu'il s'agit d'un verbe essentiellement pronominal – et, comme les participes passés des verbes essentiellement pronominaux (à l'unique exception de *s'arroger*) s'accordent systématiquement sur *se* ou *s'* reprenant le sujet… on en vient à accorder « succédés/ succédées » !

Mais c'est une grosse erreur : *succéder* tout court existe (*Martine Grossetête a succédé à son père comme maire de X...*). Ce verbe n'est nullement essentiellement pronominal, mais il est transitif INDIRECT : il ne peut avoir le moindre complément d'objet direct (COD) ! *C'est aux Mérovingiens que les Carolingiens ont succédé* : on ne peut pas dire « les Carolingiens ont succédé qui ? » ; en revanche, il est possible de poser la question : « À qui les Carolingiens ont-ils succédé ? », et la réponse est : « aux Mérovingiens ». *Mérovingiens* est un complément d'objet indirect (COI), répondant à la question « à qui ? ».

Succéder ne peut pas avoir de COD qui, placé devant le verbe, influerait sur l'accord du participe passé. Celui-ci est donc toujours INVARIABLE : *succédé !* Sont dans le même cas d'autres verbes transitifs indirects qui peuvent avoir une forme pronominale :

– *plaire* : *Ils se sont plu au premier regard* ; *elles se sont beaucoup plu sur la Côte d'Azur.*

– *complaire* : *Elles se sont complu dans cette activité critiquable...*

– *déplaire* : *Dès qu'ils se sont vus, ils se sont déplu !*

– *ressembler* : *Jusqu'à l'âge de vingt ans, les deux sœurs se sont beaucoup ressemblé ;*

– *rire* : *Ils se sont ri du grotesque sénateur.*

57. Asymétrique, adj.

Malgré la prononciation (« assi »), il n'y a qu'un *s* à *asymétrique* (*des barres asymétriques*), à *asymétrie* et à *asymétriquement*. Cela parce que, dans ces composés, *symétrie, symétrique* et *symétriquement* sont associés à un *a*- dit « privatif », qui signifie « sans ». Quand il y a *asymétrie*, il n'y a pas de *symétrie* !

Autres mots forgés avec ce *-a* : *atoxique,* « ce qui n'est pas toxique » ; *atonique,* « qui est sans tonicité » ; *alexie*, « incapacité à lire » ; *atypique*, « sans conformité à un modèle »…

58. Terme, n. m.

Il ne faut pas confondre *au terme* (au singulier) et *aux termes* (au pluriel). Le premier signifie « à la fin », le second « selon les termes ». Par exemple : *aux termes de mon contrat* signifie « conformément aux clauses du contrat, à son contenu » tandis qu'*au terme de mon contrat* veut dire « à l'expiration du contrat, à la date d'échéance finale ».

Terme est toujours au singulier, au sens de « limite », « délai fixé », « durée plus ou moins longue », etc. : *un marché à terme*, *parvenir au terme de son mandat* ; *des projets à court terme*, *des prévisions à long ou moyen terme…*

Terme est toujours au pluriel, avec l'acception de « en utilisant les mots du / de la… » : *en termes d'économie*, *en termes d'imprimerie*, *en termes de marine*, *en termes de finance(s)*, etc., et dans *en termes propres, en propres termes.* Idem pour :

aux termes de la loi [= selon les textes, les mots de la loi, *aux termes du Code de la route* [= d'après les mots, les articles de ce code]. Le pluriel est également obligatoire dans *être en bons termes, être en mauvais termes avec X...*

59. Îlot, n. m.

Très étonnamment (adverbe en *-amment*, puisque forgé sur l'adjectif, en *-ant*, *étonnant*), un grand nombre de personnes écrivent « ilôt » pour *îlot*, dont l'orthographe est pourtant des plus logiques. Autrefois écrit *isle*, une graphie archaïque qui s'est maintenue dans certains noms locaux, le mot *île* comporte un accent circonflexe sur le *i*. Cet accent se retrouve par conséquent dans *îlot* et dans son synonyme moins usité *îlet,* et dans *îlien(ne)*, adjectif et nom.

Synonyme d'*insulaire*, mais avec des emplois nettement plus circonscrits, *îlien(ne)* s'applique surtout aux habitants des îles françaises proches du littoral atlantique. Il fait office de gentilé (ou ethnonyme) – ou de second gentilé – pour l'île aux Moines, l'île de Sein (Sénans), l'île d'Ouessant (Ouessantins), l'île d'Yeu (Ogiens), etc. En cet emploi propre, *Îlien(ne)* s'écrit avec une majuscule, mais reste avec une minuscule comme nom commun et adjectif.

Un illogisme est à signaler : *francilien(ne)*, gentilé pour l'Île-de-France, s'écrit sans accent circonflexe sur le *i* ! – *Les Franciliens, des Franciliennes ; les villages franciliens, les routes franciliennes...*

Ancienne région de France, l'*Île-de France* (capitale Paris) doit son nom au fait que la Seine, la Marne, l'Oise et leurs affluents délimitent en quelque sorte une grande île.

60. Connexion, n. f.

Les graphies de *connecter*, *connecteur*, *connectif* – et le succès du film *French Connection* (film américain de William Friedkin, 1971) font souvent oublier qu'en français la graphie de *connexion* va de pair avec celles de *connexe* et de *connexité*, soit avec un *x*.

Il est vrai que l'usager de la langue française a de quoi s'y perdre, étant donné la double graphie, lexicalisée par les dictionnaires courants, de *convection /convexion*, apparenté à la fois à *convecteur* et à *convexe* et *convexité*.

61. Commissariat, n. m.

Personne, apparemment, ne songe à écrire ou à dire « secrétairiat » pour *secrétariat*, ni « notairiat » pour *notariat*. En revanche, on peut faire confiance aux scénaristes, dialoguistes, réalisateurs et acteurs pour que, dans les innombrables séries policières qui envahissent les programmes télévisés, les personnages disent « commissairiat », barbarisme ridicule, à la place de *commissariat*. Cela, même dans les meilleures de ces séries diffusées sur le petit écran, ou les « étranges lucarnes », pour reprendre la savoureuse expression créée par André Ribaud, dans les années 1960, au *Canard enchaîné*.

62. Coteau, n. m.

Coteau n'a pas d'accent circonflexe sur le *o*, contrairement à *côte*… Pourquoi cette discordance qui, à première vue, semble incompréhensible ?! Et puis, en regardant d'autres familles de mots, on constate des cas similaires : *fantôme / fantomatique* ; *cône / conique* ; *arôme / aromatique* ; *icône / iconographie* ; *pôle / polaire* ; *drôle /drolatique* ; *symptôme / symptomatique* ; etc. Avec *a* et *e*, des phénomènes graphiques apparaissent : *infâme / infamie* ; *Bohême / bohémien* ; *Gênes / génoise* ; *grâce / gracieux* ; *tempête /tempétueux* ; *âcre / acrimonie*…

Ces exemples montrent donc, SANS QU'ON PUISSE EN FAIRE UNE RÈGLE ABSOLUE (*cf. zone, cotre, diplômé, gnome…*), que l'accent circonflexe, qui remplace une lettre disparue [souvent un *s*], ou indique la contraction de deux anciennes syllabes (*aage→âge*), figure très souvent devant une syllabe finale muette (*ancêtre, jeûne, hôte, diplôme*), voire devant une syllabe muette non finale (*drôlerie, drôlement, âcreté, âcrement…*), mais disparaît devant des syllabes non muettes (*acrimonieux, diplomate*) dans des mots d'une même famille.

63. Hypocondriaque, n. et adj.

Le préfixe *hypo-* (issu du grec *hupo*, « au-dessous ») entre dans la composition de nombreux mots agglutinés [sans trait d'union] de niveau savant, dont nous citons quelques-uns des plus connus : *hypothèse, hypoténuse, hypothèque, hypoderme, hypocondre, hypocrisie, hypocrite, hypoglycémie, hypophyse, hypotension, hypothalamus...*

On se gardera bien de confondre *hypo-* avec un autre préfixe homonyme : *hippo-* ! *Hippo-* (grec *hippos*, « cheval ») se retrouve dans *hippopotame* (*hippos* et *potamos*, « fleuve » : « cheval de fleuve »), *hippisme, hippique, hippodrome, hippocampe, hippophagique...*

Alors, même si un(e) *hypocondriaque* – personne atteinte d'anxiété maladive, voire de psychose, à propos de sa santé : un(e) malade imaginaire en principe – souffre réellement d'une « fièvre de cheval », ce ne sera pas une raison pour écrire « hippocondriaque ». Car la racine est *hypocondre*, nom masculin, « chacune des parties latérales de la région supérieure de l'abdomen, sous les côtes » (de *hupo* + *khondros*, « cartilage »).

64. Long-courrier, n. m. et adj.

Long-courrier désigne un avion de transport affecté aux vols de longue distance (au moins 6 000 km), ou bien un navire effectuant une navigation au long cours.

Long n'est pas un adjectif épithète qualifiant *courrier* : les avions et les bateaux, quoique de bonne taille, ne sont pas eux-mêmes très longs ! La composition du mot n'est pas du type *coffre-fort* (coffre renforcé, à serrure de sûreté), soit l'association d'un nom commun et d'un adjectif épithète. Ici, *long* renvoie, par ellipse, à *long cours*. Les « courriers » (avions ou navires) doivent assurer un long cours...

Long reste alors invariable, et *courrier* s'accorde : *des long-courriers.* Le raisonnement est évidemment le même pour *court-courrier* et *moyen-courrier*, mots masculins et adjectifs. Les avions *court-courriers* assurent des transports sur des distances inférieures à 1 000 km ; les *moyen-courriers* sont affectés à des distances… moyennes.

65. Bayer aux corneilles, v. intr.

L'orthographe (ancienne, littéraire) *bayer* ne subsiste que dans l'expression *bayer aux corneilles*, qui signifie « rêvasser », « regarder niaisement dans le vide, ou en l'air » : *L'ado bayait aux corneilles.*

La graphie moderne, usuelle, est : *bâiller*, avec un accent circonflexe, au sens d'« ouvrir largement la bouche » : *Au petit déjeuner, toute la famille bâillait à qui mieux mieux…* Par extension, en parlant de quelque chose qui est ouvert, qui est mal fermé ou mal ajusté : *Son col de chemise bâille excessivement* ; *une porte qui bâille* ; *la jupe de la ministre bâillait…*

Attention aux confusions avec l'homonyme, ou quasi homonyme, *bailler*, « donner » (vieux ou régional) : *Baillez-moi quelques sous !* Ce verbe est encore usité dans la locution *la bailler bonne / la bailler belle à quelqu'un*, qui signifie « faire croire une chose fausse, en faire accroire ». – *« Vous me la baillez belle ! », « Vous me la baillez bonne ! »*

Le participe passé est toujours invariable : *« Ils nous l'ont baillé belle ! »*

66. Vingt, adj. num.

L'adjectif numéral cardinal *vingt* ne prend un *s* final que dans *quatre-vingts* (= « quatre vingtaines ») et dans *quinze-vingts* : *l'hôpital des Quinze-Vingts, à Paris,* un hôpital spécialisé dans l'ophtalmologie. Cet établissement hospitalier créé sous Saint Louis était destiné à accueillir trois cents (… quinze vingtaines) chevaliers revenus aveugles des croisades.

Dès lors que *quatre-vingts* se voit ajouter un autre adjectif numéral, le *s* disparaît : *quatre-vingt-un*, *quatre-vingt-deux*, *quatre-vingt-dix-neuf.*

Numéral CARDINAL, *quatre-vingts* peut devenir un adjectif numéral ORDINAL. Dans ce cas, il perd son *s* : *la page quatre-vingt*, c'est-à-dire « la quatre-vingtième page » ; *dans les années mille neuf cent quatre-vingt*, c'est-à-dire « vers la quatre-vingtième année du XXe siècle ».

Dans les nombres compris entre vingt et trente, il faut éviter de prononcer « vinte » : dire « vint'quatre », et non « vinte-quatre »… Si le regretté Georges Brassens chantait : *« Le vingt-te-deux septembre, à présent, je m'en fous »,* il faut mettre cela sur le compte d'une licence poétique ou d'une concession à l'accent méridional. – Le *g* de *vingt* est toujours muet : le *t* se prononce à la liaison devant une voyelle : « avoir vingt-t-ans », et même devant la consonne initiale d'un autre adjectif numéral : « la vingt-t'cinquième heure ».

L'adjectif numéral ordinal *cent vingtième* s'écrit sans trait d'union : *un cent vingtième coureur vient de franchir la ligne d'arrivée.* On ne met pas non plus de trait d'union à : *J'ai droit à la cent vingtième part du butin !* Dans ces deux exemples, *cent vingtième* reste adjectif. Mais, si on le substantive, deux cas se présentent : 1° ou bien le mot garde sa fonction ORDINALE, et il continue à ne pas prendre de trait d'union (*c'est le cent vingtième qui vient demander cet emploi*) ; 2° ou bien le mot exprime une FRACTION, et dans ce cas seulement il prend un trait d'union : *Je réclame le cent-vingtième des bénéfices tirés de cette affaire.*

67. Psychiatre, n.

Il n'y a pas d'accent circonflexe sur le *a* des termes du domaine médical forgés avec le suffixe *-iatr-* (du grec *iatros*, « médecin ») : *pédiatre, pédiatrie, gériatre, gériatrie, hippiatre* [vétérinaire spécialisé dans les chevaux], *psychiatre, psychiatrie, psychiatrique*…

Une formulette mnémonique : *« Le chapeau du psychiatre a roulé dans l'âtre ! »*

68. Coïnculpé(e), n. et adj.

Tous les mots lexicalisés (c'est-à-dire figurant dans un ou des dictionnaires) comportant le préfixe *co-* sont « collés », agglutinés, sans trait d'union. Mais, pour éviter que des personnes puissent en déduire qu'on prononcerait « coin-cul-pé », le *i* est surmonté d'un tréma. Le cas est semblable à celui de *coïncider*, *coïncidence*, *coïncident(e)*…

N.B. : à propos de *coïncider*… Ce verbe s'emploie au sens absolu : *nos manières de voir coïncident*, mais également au sens relatif : *mes sentiments coïncident avec tes intérêts*. Certes, il y a pléonasme entre le préfixe *co-*, qui signifie « avec », et la préposition *avec*, qui introduit la relation, mais, comme la grammaire est depuis longtemps indulgente envers d'autres redondances du même genre, il est usuel de fermer les yeux sur ce pléonasme-là.

Dans *coefficient*, nom masculin, *coercition*, nom féminin, *coexister*, verbe intransitif, le *o* et le *e* ne sont pas liés : ne pas écrire « cœ », comme dans *cœur !* Le *é* accentué n'est jamais lié au *o* de *co-* : *coéquation*, *coéquipier(-ère)*.

69. Presqu'île, n. f.

Presque, adverbe, ne s'élide JAMAIS… sauf dans *presqu'île* !

Pas d'élision, donc, dans : *presque au même moment*, *presque en même temps*, *presque au même endroit*, *presque ici*, *presque à temps*, *presque un seul…*

On ne met pas de trait d'union à *la presque totalité*, *la presque unanimité*, etc.

À Lyon, le Rhône et la Saône découpent *la Presqu'île*, avec une majuscule, c'est-à-dire le centre-ville.

70. Aigu(ë), adj.

Au féminin, l'adjectif *aigu* fait *aiguë*. Le tréma sur le *e*, et non sur le *u*, indiquant que le *e* est neutralisé et que le *u* se prononce… « u ».

Même chose pour *ambiguë*, *bisaiguë*, *contiguë*, *exiguë* et *suraiguë*… et pour le substantif féminin *ciguë*.

À noter au passage : le tréma sur le second *i* d'*exiguïté*.

71. Plénier (-ère), adj.

L'adjectif *plein(e)* a un dérivé en *-ei-* : l'adverbe *pleinement*. Mais les autres dérivés s'écrivent avec un *é* (*plénier, -ière*, adjectif ; *plénitude*, nom féminin ; *plénipotentiaire*, nom et adjectif ; *plénum*, nom masculin).

C'est bien *plein* que l'on retrouve dans *terre-plein* (pluriel : *des terre-pleins*) : voir n° 42. Au contraire, c'est l'homonyme *plain*, signifiant « plat », « uni », que l'on a dans *plain-chant* et de *plain-pied* : voir aussi le n° 42.

72. Gaufre, n. f.

Ce mot d'usage courant est souvent écrit, à tort, avec deux *f*. Qu'elles soient liégeoises ou bruxelloises, au sucre, à la crème Chantilly, ou à la confiture, les *gaufres* n'ont qu'un *f* et il en est naturellement de même pour les mots *gaufrage*, *gaufrer*, *gaufrette*, *gaufreur*, *gaufrier*, *gaufroir* et *gaufrure*.

Le *f* unique dans le corps des mots est moins fréquent que la double consonne (*buffet*, *buffle*, *coiffe*, *étoffe*, *gaffe*, *gouffre*, *greffe*, *griffe*, *joufflu*, *souffle*, *truffe*…).

N.B. : *siffler*, deux *f*, mais *persifler*, un *f* ; *souffler*, deux *f*, mais *boursoufler*, un *f*.

L'une des invectives préférées du capitaine Haddock est *« Moule à gaufres ! »*.

73. Quoique, conj.

La conjonction *quoique* (en un seul mot) équivaut à « bien que ». Si l'on a des hésitations sur l'orthographe – *quoique* ou *quoi que*, locution pronominale (en deux mots) ? –, un bon « truc » consiste à recourir mentalement à *bien que.* Si la phrase reste compréhensible, logique, correcte, c'est *quoique* qu'il faut écrire ; dans le cas contraire, cela signifie que c'est *quoi que* (en deux mots) qui s'impose.

Démonstration : *« J'irai,* [« koik »] *cela me déplaise... »* On peut très bien refaire la phrase avec *bien que : « Bien que cela me déplaise, j'irai... »*, ou : *« J'irai, bien que cela me déplaise... »* C'est donc *quoique* en un mot qui doit être écrit.

Autre exemple : *«* [koik] *jolie, elle n'était aimée de personne »*... équivaut à *: « Bien qu'elle fût jolie, elle n'était aimée de personne. »* C'est donc encore *quoique* qui est la graphie correcte.

N.B. : la locution conjonctive concessive *bien que* est suivie du subjonctif, on l'aura noté au passage ci-dessus. Évidemment, cela vaut aussi pour *quoique* : *« Quoiqu'il soit timide, il s'est inscrit dans cette troupe de comédiens amateurs. »*

Quoique s'élide uniquement devant *il*, *elle*, *ils*, *elles*, *on*, *un* et *une.* Les linguistes sont partagés pour *en...*

Quoi que (en deux mots) peut être remplacé par *quelque chose que*, par *quelle(s) que soit (soient) la (les) chose(s)* : *Quoi qu'il en soit, nous irons à Rouen dimanche...* [peu importe la situation, peu importent les circonstances, nous irons...].

On peut avoir à écrire *quoiqu'il en soit*, avec *quoique* en un seul mot, bien sûr, si le sens est : « bien que, encore que » (*Quoiqu'il en soit persuadé, nous hésitons à croire qu'il ait croisé la reine d'Angleterre au bois de Boulogne...*).

74. Flot, n. m.

La locution *à flot* est au singulier, au sens propre : *un navire mis à flot, un navire remis à flot...* Le singulier est, logiquement, maintenu au sens figuré : *Cette société a été remise à flot après une période de difficultés financières.*

Mais c'est le pluriel qui est obligatoire quand il faut exprimer l'abondance, la profusion : *La lumière entre à flots par les fenêtres* ; *lors de cette soirée, le champagne a coulé à flots...* Ce pluriel n'empêche nullement d'écrire, par ailleurs, *un flot de paroles, un flot de vin, un flot de lumière...*

75. Satire, n. f.

Une *satire* (avec un *i*) est une œuvre littéraire qui s'attaque aux travers et aux ridicules. C'est dire si les satiristes ne sont pas près d'être au chômage ! – Dérivé : l'adjectif *satirique.*

Attention aux confusions avec l'homonyme *satyre*, nom masculin avec *y* désignant, dans la mythologie antique, un demi-dieu à jambes de bouc, aux longues oreilles pointues, avec des cornes, une queue, et dont le corps est couvert de poils. Par extension, le terme s'applique à des individus lubriques, exhibitionnistes, se livrant à des attentats à la pudeur. – Dérivé : l'adjectif *satyrique.*

Par ailleurs, *satyre* est aussi le nom d'un papillon et celui d'un champignon à l'odeur nauséabonde, le satyre puant ou phallus impudique.

N.B. : au féminin, *satyre* a été le nom d'une œuvre théâtrale, appelée aussi « drame satyrique », où des satyres (n. masc.) tenaient le chœur.

76. Remords, n. m.

Le substantif masculin *remords* est forcément invariable puisqu'il prend un *s* final même au singulier. Ce vocable issu du verbe *remordre* désigne un tourment, une douleur morale causés par la conscience d'avoir mal agi.

N.B. : toutefois, il n'est pas rare – ni étonnant – de voir *remord* (sans *s*) en poésie classico-romantique. La suppression du *s* était autorisée, par licence littéraire, mais uniquement quand *remords* était au singulier, afin d'obtenir la rime visuelle avec *il mord*, par exemple.

C'est par erreur qu'un certain nombre de personnes voient en *bourrelé(e)(s) de remords* une… erreur ! Il n'y a aucune raison de vouloir remplacer *bourrelé* par le familier *bourré* (« plein ») : le premier existe bien, et signifie « torturé comme par un bourreau ».

77. Saynète, n. f.

Il semble très logique d'écrire « scénette » quand il s'agit d'une courte comédie savoureuse, réduite à un acte, voire à une scène, à un sketch. Or il ne s'agit pas du tout d'un dérivé de *scène* ! Il ne faut donc pas écrire « scénette », mais *saynète.*

Le mot vient de l'espagnol *sainete*, « morceau de graisse », puis « assaisonnement », et il y a un apparentement avec *saindoux.* En espagnol, ce terme a donc en premier l'acception de « morceau goûteux, savoureux, onctueux, collant au fond des marmites » ; bien cuit, gras et salé… Toujours dans la langue de Cervantès, la signification s'est étendue à la littérature, puis au théâtre, pour désigner des textes savoureux, bien « assaisonnés », dont on goûte tout le… sel.

C'est sous cette dernière acception réservée au théâtre que le vocable est entré dans la langue française, plus précisément appliqué à de courtes pièces.

Pluriel : *des saynètes.*

N.B. : un des plus grands cinéastes du temps du muet fut, rappelons-le, l'Américain Mack *Sennett*, « le roi de la comédie » (1880- 1960).

78. Demi, adj., n. m.

L'élément *demi* est un adjectif INVARIABLE quand, SUIVI D'UN TRAIT D'UNION, il est associé à un nom ou à un autre adjectif. Ces derniers, eux, s'accordent en nombre : *un demi-litre, des demi-litres* ; *une demi-heure, des demi-heures* ; *une demi-bouteille, des demi-bouteilles* ; *un demi-tour, des demi-tours* ; *des haricots demi-fins* ; *des paysans demi-courbés dans leurs potagers...*

Dans la locution adverbiale *à demi* (« à moitié »), il n'y a pas de trait d'union quand *demi* est suivi d'un adjectif : *les yeux à demi fermés, une fenêtre à demi ouverte...* ; *« Mon verre est à demi vide : je me... plains ! »*... Mais il y a toujours un trait d'union entre *à demi* et un nom : *parler à demi-mot, voyager à demi-tarif.* (Noter le singulier des substantifs.)

La locution *et demi(e)* est naturellement figée au singulier puisqu'elle désigne la moitié d'une unité, la moitié d'une chose. *Demi* s'accorde sur le genre du nom qui précède, et il n'y a pas de trait d'union : *À cause de la neige, le TGV a eu deux heures et demie de retard* ; *3 kilos et demi de pommes* ; *ce grand port asiatique compte trois millions et demi d'habitants* ; *il reste encore 4 kilomètres et demi avant d'arriver au refuge...*

Demi, par ailleurs, est un nom masculin, désignant des footballeurs ou des rugbymen, principalement : *un demi gauche, des demis offensifs* ; *un, des demi(s) de mêlée* ; *un, des demi(s) d'ouverture.*

Il ne faut pas ÉCRIRE « un demi-pression » ni des « demi-pressions » : « un » et « pression » constituent un ensemble incohérent, de même que « demi-pressions » (que seraient des « moitiés de pressions », surtout au café !?)... En revanche, en plein été caniculaire, on peut être tenté de se désaltérer par un... *demi pression*, c'est-à-dire un demi (nom masculin) de bière servi à la pression.

Et le pluriel logique qui s'impose est donc : *des demis pression.*

Demie est un substantif féminin synonyme de *demi-bouteille : porter des demies de champagne, pour Noël, à des personnes en convalescence* ; *acheter des demies de bourgueil et de saumur-champigny...*

Midi comme *minuit* étant des noms masculins, *demi* est accordé au masculin dans *midi et demi* et dans *minuit et demi* (il n'y a pas de trait d'union).

N.B. : *demi-solde* est un substantif féminin variable au sens de « solde réduite versée aux militaires qui ne sont plus en activité ». Pluriel : *des demi-soldes.*

Mais *demi-solde* est un nom MASCULIN INVARIABLE quand, par ellipse (« militaires ne touchant qu'une demi-solde »), il désigne les militaires des guerres de la République et de l'Empire, auxquels les Bourbons, de retour sur le trône, réduisirent la solde de moitié, en les laissant en non-activité sous la Restauration. Pluriel : *des demi-solde.*

79. Pénitentiaire, adj.

Le nom masculin *pénitencier* a deux sens : 1° prison où sont détenues les personnes condamnées à de longues peines ; 2° prêtre investi du pouvoir d'absoudre les cas réservés. (On ne prend pas de grands risques à parier que la première acception est beaucoup plus connue...)

Adjectivement, le mot n'apparaît, n'est apparu, sauf erreur, que dans l'expression *navire pénitencier...* où il pourrait aussi bien être considéré comme un SUBSTANTIF en apposition, et l'orthographe *navire-pénitencier* se justifierait (à la fois navire et pénitencier), à l'image de *navire-école* (= navire et école). Il n'y a donc pas de féminin.

Il ne faut pas dire « un établissement pénitencier », mais *« un établissement pénitentiaire », pénitentiaire* étant un adjectif des deux genres : un adjectif épicène. Donc : *l'administration pénitentiaire, le système pénitentiaire*...

80. Critiquable, adj.

Critiquable est un adjectif : 1° dérivé d'un verbe en *-quer* ; 2° qui appartient à une famille de mots ne comprenant pas de substantif en *-ation* (il n'existe pas de mot « critication »). Cela explique pourquoi *critiquable* s'écrit avec *qu*, et non avec *c*.

Dans la même catégorie d'adjectifs, on a ainsi : *attaquable, inattaquable, immanquable, banquable*[1], etc.

Les adjectifs en *-able* dérivés de verbes se terminant en *-quer* s'écrivent avec un *c* quand leur famille de mots comprend un nom en *-cation* : *applicable* (*appliquer – application*), *explicable* (*expliquer – explication*), *évocable* (*évoquer – évocation*), *inapplicable, inexplicable*...

N.B. : bien qu'il n'y ait pas de substantifs en *-ation* dans la famille de *pratiquer* ni dans celle d'*hypothéquer*, les adjectifs sont en -cable : *praticable* (également nom commun) et *hypothécable*.

1. S'écrit aussi *bancable*... : *des acteurs « bancables »*.

Lorsque les adjectifs en *-able* ne découlent pas d'un verbe en *-quer*, ils s'écrivent en *-cable* : *implacable*, *sécable*…

81. Afférent, adj.

L'antépénultième [= avant-avant-dernière] lettre est un *e*. En aucun cas il ne faut mettre une finale « -ant » ! Pourtant, combien de fois lit-on : « les dégâts y afférant sont considérables »… Formulation incorrecte, car il n'y a pas de verbe « afférer », c'est un mot inexistant ; il ne saurait donc y avoir de participe présent « afférant ». La seule orthographe licite est : *« les dégâts y afférents »*, l'adjectif *afférents* étant accordé sur *dégâts*.

Afférent(e) est issu du latin *afferens*, « qui apporte ». En droit, équivaut à « qui revient à quelqu'un » : *la part afférente à chacun des héritiers*, *les droits afférents aux locataires*. Aussi, « qui est lié à quelque chose » : *les clauses afférentes à un contrat*, *l'accord et les clauses y afférentes*.

82. Coup, n. m.

Même si l'on est un parfait ambidextre, on ne donne pas des coups de façon concomitante avec les deux poings : sinon, on ne se protège pas des directs ou des uppercuts de l'adversaire ! Boxeur professionnel ou non, on peut donner des coups successifs à une cadence très rapide (pendant un certain temps…), mais en alternant les poings. Voire, dans la majorité des cas – on est complètement gaucher, ou exclusivement droitier –, en portant l'un après l'autre des coups avec le même bras, avec le même poing.

L'orthographe logique, figée dans l'usage, est donc : *donner des coups de poing.* S'il s'agit de l'arme de main consistant en une masse de métal percée de cinq trous pour les doigts, afin de bien tenir cet objet redoutable, l'orthographe est *coup-de-poing* (avec deux traits d'union, car, là, c'est un nom composé). Au pluriel : *des coups-de-poing.* D'après la provenance de cette arme, on a dit – on dit encore – *coup(s)-de-poing américain(s).*

Pluriel au premier élément (*coup*) et invariabilité de l'autre substantif dans : *jeter un coup d'œil / des coups d'œil égrillard(s)* ; *donner un coup de main / donner bénévolement des coups de main* ; idem dans : *tenter des coups de main* [= des actions commando] *pour délivrer des prisonniers victimes de groupes fanatiques...*

Même raisonnement pour : *donner des coups de pied* (... essayez donc de donner simultanément des coups avec vos deux pieds !!). Ne pas confondre avec le nom composé désignant la partie antérieure de la cheville : *le cou-de-pied gauche* ; *les cous-de-pied.*

Coups est au pluriel dans toutes les expressions contenant l'idée d'une action répétée avec *à coups de...* : *Ils se battirent à coups de bâton* (= en utilisant chacun UN bâton) ; *ils chassèrent les exhibitionnistes à coups de pierres* (= en lançant des pierres) ; *à coups de déclarations brutales, ils perdirent le soutien des centristes* ; *couler une frégate ennemie à coups de torpilles* (= en envoyant plusieurs torpilles [sinon, on dirait : *avec une torpille, par une torpille*]) ; *il a été tué à coups de couteau* (= il a été victime de plusieurs coups de couteau [sinon, on dirait : *d'*UN *coup de couteau*]) ; *à grands coups de marteau, il a réussi à enfoncer cet énorme clou* ; etc.

Dans un bon nombre d'expressions ne comportant pas *à coups de*, mais [*des*] *coups de, coups* sera mis au pluriel, également, tandis que l'accord du second substantif dépendra de la logique : *donner des coups d'épaule à des amis* (= les coups ne sont portés qu'avec UNE épaule) ; *des coups de fusil furent échangés* [*fusil* au singulier : c'est un engin qui lance des projectiles] ; *les archers gallois décimèrent la cavalerie française à coups de carreaux* [*carreaux* (grosses flèches) au pluriel : ce sont les projectiles lancés] ; *des coups de griffes* [*griffes* au pluriel est plus logique : les félins, petits et grands, sortent LEURS GRIFFES]...

N.B. : il n'y a pas de traits d'union dans *tout à coup* ni dans *tout d'un coup*.

83. Bat-flanc, n. m.

Ce mot composé est souvent mal orthographié – « bas-flanc », « bât-flanc, « bas-flan »... – parce que son étymologie est méconnue.

Bat-flanc vient du verbe *battre* et de *flanc*. C'est un mot invariable : *bat* est une forme verbale de *battre*, d'une part, et, d'autre part, *flanc* reste aussi au singulier pour la raison suivante... Un *bat-flanc*, c'est surtout la cloison, en bois généralement, qui, dans une écurie, sépare deux chevaux, ou qui, dans une étable, sépare deux vaches. L'espace occupé par chacun de ces animaux est tel que, tout de même, ses deux flancs ne peuvent se frotter en même temps contre les cloisons ; UN SEUL FLANC à la fois heurte une des cloisons…

Par ailleurs, *bat-flanc* est le nom des cloisons séparant deux lits dans un dortoir, ainsi que le nom d'une plate-forme en bois, légèrement en plan incliné parfois, qui sert de lit dans les postes de garde de casernes, dans les prisons…

N.B. : c'est bien *flan*, sans *c* final, que l'on trouve dans l'expression *en rester comme deux ronds de flan* (« être ébahi », « figé d'étonnement »). L'explication la plus plausible (?) serait la suivante : vus de haut, les deux ronds de flan figés servis au dessert, naguère, dans les restaurants, évoquaient deux yeux stupéfaits, car la partie centrale, brûlée avec un petit fer, ou bien au four, pouvait représenter les pupilles.

84. Exorbitant(e), adj.

Il n'y a aucune raison de vouloir écrire *exorbitant(e)* avec un *h* abusif derrière le *x* : le mot vient d'*orbite,* nom féminin n'ayant pas de *h* initial.

Même remarque à propos d'*exubérant(e)*, forgé à partir d'*ex* et du latin *uber*, « fertile ».

N.B. : ce *uber* a donné *ubéral(e).* Une *fontaine ubérale* représente une femme statufiée des seins de laquelle l'eau jaillit… Et aussi *ubéreux*, « fécond », néologisme présent dans Sainte-Beuve, cité par Littré, et tôt sorti de la langue, et *uberté*, « fécondité », présent dans quelques dictionnaires, naguère.

85. Azimut, n. m.

L'expression *tous azimuts* est, bien naturellement, au pluriel, puisqu'elle signifie « dans toutes les directions ». (*Azimut* vient de l'arabe *al-samt*, « le droit chemin ».)

Il n'y a pas de *h* après le *t*, contrairement à *bismuth*, et le *t* se prononce.

86. Septique, adj.

L'adjectif *septique* (du grec *sêpein*, « pourrir ») qualifie ce qui est dû à des micro-organismes : *une fosse septique.* Dans la même famille de mots, on a *antiseptique*, *asepsie, aseptiser*…

Attention aux confusions possibles avec l'homonyme *sceptique*, adjectif et nom, désignant ou qualifiant quelqu'un enclin au doute, à l'incrédulité : *Il lui faudrait encore convaincre les personnes sceptiques…* ; *les sceptiques étaient fort nombreux.*

87. Pneu, n. m.

Abréviation de *pneumatique*, *pneu* a la particularité d'avoir un pluriel en *-s*, alors que la norme, pour les noms en *-eu*, est de former leur pluriel en *-x* : *un jeu/des jeux* ; *un lieu (endroit)/des lieux* ; *un feu/des feux* ; *un vœu/des vœux*… Donc : *un pneu/des pneus.*

Les autres exceptions (= en *-eus*) sont : *un bleu* (quelle que soit l'acception : bleu de travail, nouveau venu, matière picturale...)/*des bleus* ; *un lieu* (POISSON : le colin)/*des lieus* ; *un émeu* (grand oiseau d'Australie)/*des émeus*... et le nom et adjectif familier *neuneu* : *les neuneus*, *des émissions neuneus*.

Il faut ajouter *feu* quand il est adjectif : celui-ci s'accorde en genre et en nombre... partiellement. Dans ce cas, le pluriel sera *feus* et *feues*. Explication : l'usage est d'accorder *feu* lorsque ce dernier adjectif est APRÈS un article défini ou APRÈS un adjectif possessif : *mes feus grands-parents*, *la feue chancelière*, *les feues tantes de mon épouse*, etc. Au contraire, si *feu* précède ces déterminants, l'adjectif demeure invariable : *feu ma grand-mère paternelle*, *feu mes beaux-parents*, *feu la reine.*

N.B. : L'usage rigoureux consiste à dire et à écrire *la feue reine* quand on parle d'une souveraine précédente, décédée, alors qu'une autre reine (souveraine ou épouse de roi) lui a succédé. Mais *feu la reine* à propos d'une souveraine défunte à laquelle aucune autre reine n'a succédé.

Par *le feu président de la République*, *le feu pape*, *le feu roi*, on entend toujours désigner le président dernier mort, le pape dernier mort, etc.

En principe, on ne doit employer *feu* que pour des défunts que l'on a connus personnellement, ou que l'on a connus de leur vivant via les médias... Sauf volonté d'employer une tournure plaisante, on n'écrit pas, on ne dit pas : *« Feu Voltaire n'avait pas que des qualités ! »* ; *« Feu*

Clotilde sut amener Clovis au catholicisme. » Et l'on évitera, sauf si l'on est un humoriste, des apparentements douteux du genre : *« Feu Jeanne d'Arc a été brûlée à Rouen »* ou *« Ma feue mère s'est éteinte en 1998. »*

88. Relais, n. m.

Courir le relais 4 x 100 mètres : ce substantif de la famille de *relayer* s'écrit avec un *s*. Tout comme *dais* (baldaquin, ouvrage en tissu ou en bois suspendu ou soutenu au-dessus d'un lit, d'un trône…) et *palais* (voûte de la bouche, édifice somptueux…).

En revanche, *délai*, *balai* et *chai* (lieu destiné à la vinification et/ou à la conservation des vins et des eaux-de-vie : *un maître de chai*) ne comportent pas de *s* final au singulier.

N.B. : *balai*, nom masculin, a pour homonymes *ballet*, nom masculin, terme de danse, et – beaucoup moins connu – l'adjectif *balais* (avec un *s* final même au singulier). Exclusivement masculin, cet adjectif d'origine arabe ne sert que dans l'expression *rubis balais* (rubis d'un rouge violacé).

89. Détoner, v. intr.

Ce verbe *détoner*, avec un seul *n*, signifie « exploser violemment, avec bruit ». Ce *n* unique se retrouve dans les dérivés *détonant* et *détonation* : *un produit détonant, la charge de plastic détona à minuit.*

Détoner a pour homonyme… *détonner*, verbe intransitif lui aussi, qui comporte deux *n*. « Pourquoi tant de *n ?...* », mais pour se démarquer de l'autre verbe : avec sa paire de *n*, *détonner* veut dire « ne pas être dans le ton, jurer, faire une fausse note… ». *La maréchale Lefebvre, la fameuse « Madame Sans-Gêne », détonnait à la cour impériale*[1].

Parfois, l'effet donné par une personne ou par une chose qui *détonne* est si frappant, si fort, si « bouleversifiant » (comme disait feu Toscan du Plantier), que cela peut justifier, chez un écrivain ou chez un journaliste, l'emploi de *détoner* ! *« La tenue minimaliste, et aux couleurs criardes, de Madonna détona dès son arrivée dans cette soirée bon chic bon genre ! »*

Puisque cet article nous permet de parler du *plastic*, l'explosif, à ne pas confondre avec *plastique*, rappelons que ce dernier mot est féminin au sens de « beauté des formes, de structures », masculin quand il est l'abréviation de « matière plastique ». *La plastique de cette statue est remarquable* ; *cette animatrice du club de vacances a une plastique irréprochable* ; *on a mis du plastique tout autour de ces caisses.*

---

1. D'une rude franchise, même à la cour, Catherine Hubscher, ancienne blanchisseuse, ne manquait pas de finesse d'esprit. Celle-ci s'exerça ainsi aux dépens d'une dame de plus haute naissance et sans doute plus instruite, qui était connue pour ses infidélités conjugales… Comme la « Marie-Chantal » lui demandait hypocritement si parfois elle n'oubliait pas le rang qu'elle devait tenir, Catherine repartit : *« Oh ! bien souvent !... mais je n'oublie jamais que je suis la femme de Lefebvre. »* (Cité par Jean-Pierre Colignon, in *Du tac au tac – Piques ironiques, répliques sanglantes,* Albin Michel édit.)

90. Affaire, n. f.

Avoir à faire/avoir affaire : attention à ne pas confondre ces deux constructions non homographes ! *« Si vous ne rentrez pas avant 20 heures, vous aurez affaire à moi ! »* ; *avoir affaire directement au directeur général...* Avec *avoir affaire à* [*au*], on a l'idée, souvent, d'un litige, ou d'une discussion serrée avec un interlocuteur ; mais il peut s'agir, plus banalement, d'être en rapport avec quelqu'un : *« Ou c'est à lui, là-bas, que l'on aurait affaire »* (Edmond Rostand, *Cyrano de Bergerac*, II, IX).

Au sens de « j'ai à travailler [ici, là-bas...] », « j'ai à m'occuper », c'est la forme *avoir à faire*, en trois mots, qui doit être suivie : *J'ai à faire au bureau* ; *avoir à faire au grenier* ; *j'ai à faire avec mon avocat* [= je dois travailler avec mon avocat]... Toujours en trois mots : *« Qu'avez-vous à faire de tous ces commérages ?! »* ; *« J'ai quelque chose à faire avec M. Dubois »...*

N.B. : on écrit au singulier : *se tirer d'affaire, être hors d'affaire...* ; au pluriel : *un avocat d'affaires, un homme d'affaires, un chargé d'affaires, le chiffre d'affaires, un bureau d'affaires...* ; *toutes affaires cessantes.*

91. Fonction, n. f.

Le mot *fonction* est au singulier quand il s'agit d'objets : *on a remis ce moulin en fonction* [= en fonctionnement] ; le plus souvent au pluriel quand on parle de personnes : *le nouveau préfet est entré en fonctions* [= a pris ses fonctions] ; *remplir les fonctions de... ; Quelles fonctions exerce-t-elle ?...* Mais le singulier n'est pas rare : *Le lieutenant fait fonction de capitaine* ; *s'acquitter d'une délicate fonction* ; *remplir la fonction de professeur des écoles...*

92. Misanthrope, adj. et n.

Dans les mots où entre la notion d'antagonisme, d'opposition, d'aversion, c'est l'élément *mis-* (avec un *i*) que l'on trouve comme préfixe, et non « mys-». On a ainsi *misanthrope*, nom et adjectif, du grec *miseîn*, « haïr », et *anthrôpos*, « homme ». Le misanthrope fuit ses semblables hommes et femmes, auxquels il porte généralement du mépris en raison de leurs défauts, de leurs travers... C'est un ours bourru, souvent écorché vif, mal dans sa peau, déçu dans sa vie... Voir l'Alceste de Molière (*Le Misanthrope ou l'Atrabilaire amoureux*), personnage complexe et malheureux.

C'est toujours *mis-*, bien sûr, qui figure dans *misogynie*, nom féminin, « hostilité, mépris à l'égard des femmes », et *misogyne*, adjectif et nom, « qui manifeste une hostilité systématique à l'égard des femmes », de *miseîn* et *gunê*, « femme », dont le pendant est *misandre*, adjectif et nom, de *miseîn* et *andros*, « homme » : « qui manifeste de l'aversion à l'égard des hommes ».

Toujours forgé avec *mis-* : *misonéisme*, nom masculin, de *miseîn*, et *neos,* « nouveau », et *misonéiste*, adjectif et nom, « qui est opposé à tout changement, qui refuse toute nouveauté ».

Ne pas confondre, donc, l'élément *mis-* avec *myst-* (du grec *mustês*, « initié »), présent dans plusieurs mots, avec l'idée d'initiation : *mystère, mystérieux, mystifier, mystique*...

93. Héros, n. m.

Dans la mythologie gréco-romaine, un héros est un demi-dieu, ou bien un personnage aux qualités exceptionnelles qui a été divinisé. Ainsi, Héraclès (chez les Grecs, Hercule pour les Romains) est un héros, un demi-dieu personnifiant la Force. Un héros est aussi le personnage principal d'une œuvre de fiction, d'une saga littéraire... ou d'un fait-divers.

Le *h* est aspiré : *« Le héros se trouve pris dans une machination infernale »*, mais il est muet dans les dérivés, y compris le féminin *héroïne* (*« S'armant de courage, l'héroïne s'avança vers la porte fermée, et... »*). Donc : *l'héroïque défense de Belfort face aux Prussiens ; elle fit preuve d'héroïsme*... Le *h* est également muet quand *héroïne* désigne un stupéfiant dérivé de la morphine (*de l'héroïne pure*). Idem dans les dérivés : *l'héroïnomane*, nom, et *l'héroïnomanie*, nom féminin.

On prononce donc bien « les héros »... et non « les zéros » !

L'homonyme *héraut*, nom masculin (... il n'y a pas de féminin), du francique *heriwald*, « chef d'armée », a désigné au Moyen Âge l'officier chargé de faire les annonces et les proclamations, de porter les déclarations de guerre, d'organiser les tournois et autres jeux, de surveiller blasons et armoiries… On disait aussi, couramment, *héraut d'armes*. Le *h* est aspiré.

Au sens figuré, au théâtre et en littérature, le *héraut* est aussi celui qui prédit, ou qui annonce, l'arrivée de quelqu'un ou l'imminence de quelque chose. Une extension de sens, dans la langue courante, fait parfois du *héraut* le champion combatif d'une cause, le porte-parole admiré d'un mouvement… : il est compréhensible, alors, de voir *héros* et *héraut* se télescoper et rivaliser dans cette acception mixte.

Le département qui a Montpellier pour chef-lieu est l'*Hérault*. Le *h* de ce nom propre est muet. Ne pas oublier le *l* !

94. Havre, n. m.

Le nom masculin *havre* (sans accent circonflexe sur le *a*) vient du moyen néerlandais *havene*, apparenté à divers mots anglo-saxons et scandinaves liés à la notion de port. *Havene* – par conséquent, *havre* aussi – désigne un petit port bien abrité… Par extension, on entend par *havre* un lieu d'asile, un refuge où l'on trouve la tranquillité et la sécurité. *Être en quête d'un havre…*

C'est ce même mot qu'on retrouve dans *Le Havre* (*L* majuscule obligatoire, *Le* étant le premier élément du nom propre). Pas d'accent non plus dans *Havre-Caumartin*, nom d'une station de métro parisienne associant la rue du *Havre* et la rue Caumartin.

Le *h* est aspiré : *se réfugier dans le havre, habiter Le Havre.*

95. Hémorragie, n. f.

Bien qu'il y ait dans le nom féminin *hémorragie* l'idée d'écoulement de sang (du grec *haima*, « sang », et *rhagê*, « rupture »), il n'y a pas (il n'y a plus…) de *h* derrière les deux *r.* L'orthographe *hémorrhagie* a été longtemps en concurrence avec la graphie qui a fini par s'imposer, et Littré, qui donnait les deux formes, préférait celle en *-rrh-*.

Le verbe *rhein*, « couler », a fourni un bon nombre de mots qui, en français, comportent *-rrh-* ou *rh-* : *diarrhée, dysménorrhée, gonorrhée, logorrhée, rhume…*

N.B. : « hémorragie de sang » est évidemment un pléonasme à bannir.

96. Durit (ou durit), n. f.

Une *durit* (ou *Durit)* est un tuyau en caoutchouc spécial destiné à assurer la circulation de liquides entre les organes d'un moteur thermique. C'est un nom déposé, et de ce fait plusieurs dictionnaires lui mettent une majuscule, tout en le lexicalisant dans la partie « noms communs », quand ces dictionnaires séparent les noms propres des noms communs. Bien que mentionnant « nom déposé », ces mêmes dictionnaires ne font pas de *Durit* un mot invariable : les usagers de la langue française ont donc toute latitude pour écrire *des Durits*… Comme l'usage, en banalisant le mot (… ce qui entérine le succès du nom), a autorisé la minuscule initiale – qui est adoptée par un bon nombre de dictionnaires – , la graphie *durits*, au pluriel, en sort renforcée. (*N.B.* :

la marque n'a pas fait de procès quand la majuscule était omise…)

Le respect du nom déposé interdit d'écrire *durite* (graphie que certains linguistes, lexicographes, grammairiens auraient souhaitée) ; *durit* est par conséquent un des rares mots féminins se terminant par un *t* (*mort, nuit, jument*…). Mais le *t* se prononce !

97. Ci-joint, loc. adj. et loc. adv.

Ci-joint, locution formée de l'adverbe *ci* (signifiant « ici ») et du participe passé et adjectif *joint*, est tantôt adverbiale, tantôt adjective.

Comme locution adverbiale, *ci-joint* est donc invariable. Cela est donc appliqué quand :

a) ci-joint est en tête de phrase (*Ci-joint les trois récépissés ; ci-joint une première liste de personnes à inviter ; ci-joint quatre exemplaires du certificat*…), et peu importe qu'il y ait ou non un déterminant (article, adjectif démonstratif, adjectif possessif, adjectif numéral, adjectif indéfini) entre *ci-joint* et le nom ;

b) à l'intérieur d'une phrase, *ci-joint* précède directement un nom et N'EST PAS SUIVI d'un déterminant (*Je vous envoie ci-joint note de frais à mon nom ; veuillez trouver ci-joint copie de mon dossier*).

Ci-joint est une locution adjective, donc variable, quand :

a) le nom est placé devant (*voir les documents ci-joints ; la pièce ci-jointe explicite notre démarche ; les notes ci-jointes sont à remettre au secrétaire général*) ;

b) UN DÉTERMINANT PRÉCÈDE le nom et vient après *ci-joint* (*Je vous prie de trouver ci-jointe la photographie des terrains à aménager* ; *vous trouverez ci-jointes les trois déclarations des témoins*). [Quelques grammairiens s'écartent de cette règle classique, en prônant l'invariabilité de *ci-joint* dans ce cas. Ce n'est pas l'usage considéré à l'heure actuelle comme correct.]

On peut renforcer l'accord par la mise entre virgules : *Je vous prie de trouver, ci-jointe, la photographie des terrains... Vous trouverez, ci-jointes, les trois déclarations...*

Tout ce qui vient d'être dit pour *ci-joint* est valable pour *ci-annexé* et pour *ci-inclus*.

Par acquit de conscience, nous mentionnerons *ci-présent*, locution n'ayant que l'emploi adjectival et qui n'est usitée qu'en style de palais (sinon, on dit : *ici présent*). On accorde par conséquent : *les prévenus ci-présents* ; *et voici, ci-présents, les témoins.*

98. Repaire, n. m.

Repaire, nom masculin, désigne le gîte d'un animal sauvage (*forcer le renard dans son repaire*) ou un nid de truands. Ce mot ne doit pas être confondu avec son homonyme *repère*, « marque, jalon » (*Grâce aux repères laissés par l'expédition précédente, nous avons gagné du temps dans l'ascension de ces collines escarpées*).

Repérage et *repérer* s'écrivent avec un accent aigu puisque le *e* médian, alors, ne précède pas une syllabe muette.

Le verbe prend un accent grave aux trois premières personnes du singulier du présent de l'indicatif et de celui du subjonctif ainsi qu'à la deuxième personne du singulier de l'impératif.

99. Balade, n.f.

Synonyme familier de « promenade », *balade* s'écrit avec un seul *l* : *« Samedi, nous avons fait une balade dans le bois de Meudon ! »* Et c'est cet unique *l* que l'on retrouve logiquement dans *balader* [*se*], *baladin, baladeur(-euse)* [avec plusieurs acceptions], *baladodiffusion...*

Au sens de « chanson de danse », « petit poème lyrique », « pièce vocale ou instrumentale inspirée par une ballade littéraire »..., c'est l'homonyme *ballade* (avec deux *l*) qui s'impose : *Villon est l'auteur de la* Ballade des pendus ; *une ballade pour piano.*

On peut donc faire des *balades romantiques* au son de *ballades romantiques* transmises en *baladodiffusion !*

100. Raz, n. m.

Ce mot masculin vient du normand et/ou du scandinave, et désigne un passage, un détroit parcouru par des courants de marée rapides, et aussi le courant marin violent lui-même.

L'île de Sein est séparée de la pointe du Raz (Finistère) par le raz de Sein, que seuls des marins expérimentés peuvent emprunter. La pointe du Raz, qui doit son nom au dangereux raz, est un des sites touristiques les plus visités de France. Le spectacle y est impressionnant par gros temps (on ne doit pas s'aventurer à pied n'importe où sur la côte, près de la pointe, en cas de mauvais temps !).

La graphie *ras* a coexisté avec *raz*. Aujourd'hui, c'est cette dernière orthographe qui est retenue, avec la prononciation « ra » (on a parfois dit « raz' » pour la pointe du Raz, mais pas pour le « raz de Sein »).

Raz de marée s'écrit, classiquement, sans traits d'union (contrairement à *rez-de-chaussée*), mais de nos jours certains dictionnaires usuels admettent également la forme *raz-de-marée.*

100 FAUX AMIS DONT IL FAUT SE MÉFIER

101. Abjuration, n. f., et adjuration, n. f.

Sully *adjura*-t-il son ami Henri de Navarre d'*abjurer* la religion protestante afin d'accéder enfin au trône de France ? Est-ce le Béarnais, ou bien ce même Sully, qui déclara que Paris valait bien une messe[1] ?

Adjurer, c'est supplier, exhorter quelqu'un à faire quelque chose. *Abjurer*, c'est renier sa foi, voire renier les idées que l'on professait, que l'on suivait jusqu'alors.

102. Abrègement, n. m., abréviation, n. f., et abrogation, n. f.

Abrègement équivaut à « raccourcissement ». C'est l'action de rendre plus court : *l'abrègement de la durée légale du travail* ; *l'abrègement du délai imparti* ; *l'abrègement d'un texte.* Le terme est également employé au sujet des mots et est alors synonyme d'*abréviation* : *l'abrègement d'un syntagme*, *l'abrègement d'un vocable ou d'un phonème...*

---

1. Voir du même auteur, dans la même collection, *Tous les chemins mènent à Rome.*

Dans la langue courante – et encore plus dans le milieu du journalisme, de l'édition, de l'imprimerie… –, *abréviation* désigne plus le résultat d'un raccourcissement que l'action de procéder à ladite troncation. L'*abréviation* de kilowattheure est kWh ; celle de monsieur : M. (et non plus « Mr », comme autrefois). L'abolition d'une disposition légale ou administrative s'appelle une *abrogation* : *l'abrogation de cette loi figure au programme de l'opposition parlementaire.*

Les principales abréviations respectées, en français, sont les suivantes :

Acad.	Académie
apr.	après
apr. J.-C.	après Jésus-Christ
Arch. nat.	Archives nationales
arr.	arrondissement
art.	article
av.	avant
av. J.-C.	avant Jésus-Christ
bd	boulevard
Bibl. nat. (*ou* BN)	Bibliothèque nationale
bull.	bulletin
c.-à-d.	c'est-à-dire
cf.	*confer* (comparez avec)
ch.-l.	chef-lieu
chap.	chapitre
Cie	Compagnie
C. civ.	Code civil
C. comm.	Code de commerce

C. just. mil.	Code de justice militaire
C. pén.	Code pénal
C. proc. civ.	Code de procédure civile
C. proc. pén.	Code de procédure pénale
C. trav.	Code du travail
coll.	collection, collaborateur(s)
C.V.	*curriculum vitae*
dép.	département
dict.	dictionnaire
Dr	docteur (en sciences, en mathématiques, etc.)
E	Est
éd. (ou édit.)	éditeur, édition
ép.	épître
épil.	épilogue
etc.	*et cetera*
Éts	établissements (les Établissements Dupont Frères)
étym.	étymologie
ex.	exemple
f.	feuillet
fasc.	fascicule
fém.	féminin
fbg (*ou* faub.)	faubourg
fig.	figure
fo, fos (*ou* fol.)	folio, folios
grav.	gravure
h. t.	hors texte (adjectif et adverbe)
h.-t.	hors-texte (substantif)

hab.	habitants
haut. (*ou* H.)	hauteur
ibid	*ibidem* (au même endroit)
id.	*idem* (le même)
i. e.	*id est* (c'est-à-dire)
illustr. (*ou* ill.)	illustration(s)
Impr. nat. (*ou* IN)	Imprimerie nationale
introd.	introduction
invar.	invariable
ital.	italique
larg. (*ou* l.)	largeur
lat.	latitude
liv.	livre
loc.	locution
loc. cit.	*loco citato* (passage cité)
long. (*ou* L)	longitude, longueur
M., MM.	monsieur, messieurs
masc.	masculin
max.	maximal, maximum
Me, Mes	maître, maîtres
Mlle, Mlles (*ou* Mlle, Mlles)	mademoiselle, mesdemoiselles
Mme, Mmes (*ou* Mme, Mmes)	madame, mesdames
ms, mss	manuscrit, manuscrits
N	Nord
no, nos	numéro, numéros
N. B.	*nota bene*
N.D.A.	note de l'auteur

N.D.E.	note de l'éditeur
N.D.L.R.	note de la rédaction
N.D.T.	note du traducteur
nouv.	nouveau, nouvelle
O	Ouest
op. cit.	*opere citato* (ouvrage cité)
p.	page
p. ex.	par exemple
p. i.	par intérim
paragr. (*ou* §)	paragraphe
part.	partie
phot.	photographie
pl.	planche(s)
QG	quartier général
rel.	relié, reliure
ro	recto
R.S.V.P.	répondez, s'il vous plaît
S	Sud
sc.	scène, science
s. d.	sans date
s. l.	sans lieu
s. l. n. d.	sans lieu ni date
SP	service de presse
sq	*sequiturque* (et suivant[e])
sqq	*sequunturque* (et suivant[e]s)
suiv.	suivant(e)[s]
sup.	supérieur
suppl.	supplément

t.	tome
T.S.V.P.	tournez, s'il vous plaît
v.	vers (poésie)
vo	verso
vol.	volume

Principales abréviations du SI (système international d'unités) :

g	gramme(s)
h	heure(s)
kg	kilogramme(s)
l	litre(s)
m	mètre(s)
min	minute (de temps)
s	seconde (de temps)

Une planche de 2,55 m ; 3,8 kg de pommes ; il est arrivé premier, en 5 h 18 min 22 s ; un magnum de 3 l ; 50 g de sucre en poudre.

À noter : il n'y a jamais de point abréviatif à la fin d'un symbole. Les symboles ne prennent jamais la marque du pluriel, et sont généralement en minuscules, sauf s'ils sont dus à une antonomase sur le patronyme d'un savant : Newton à le newton, 10 N ; Watt à le watt (W), le kilowattheure (kWh).

103. Acceptation, n. f., et acception, n. f.

L'*acceptation*, c'est l'action, le fait d'accepter. L'*acception* d'un mot, c'est sa signification, son sens… La confusion est très fréquente, à l'oral comme à l'écrit.

Attention à la signification de l'expression juridique *sans acception de personne*, qui signifie « sans préférence à l'égard de qui que ce soit » ! Ne pas confondre avec *sans exception…*

104. Accident, n. m., et incident, n. m.

Un *accident* est un événement (ou *évènement*) fâcheux entraînant des dommages corporels ou matériels : *un grave accident de la route*. Le terme désigne aussi un détail qui rompt l'uniformité d'un ensemble : *un accident de terrain.*

Avec *incident*, on a affaire généralement à un accident mineur, négligeable ; il s'agit d'un événement accessoire, peu important en lui-même, une péripétie[1] : *L'incident est clos !* Mais, en certains contextes, le vocable désigne un événement qui risque de provoquer de graves difficultés dans le domaine international, en politique intérieure ou sur le plan social : *un grave incident diplomatique* ; *les sérieux incidents survenus à la frontière entre*

1. La notion de *péripétie* a été profondément modifiée au fil des siècles, le mot n'étant employé qu'au sujet d'un événement important, souvent imprévisible, qui surgissait dans le déroulement de quelque chose et provoquait un grand bouleversement. Aujourd'hui, le terme a complètement perdu de sa force, et les usagers du français l'utilisent au sens d'« incident », de « mésaventure » : *Hormis ces péripéties sans gravité, et amusantes, au fond, notre voyage en Birmanie s'est bien passé.*

les deux Corées[1] *suscitent l'inquiétude dans la région ; de récents incidents ont opposé grévistes et non-grévistes.*

Grave accident n'est pas un pléonasme ; en revanche, on évitera de dire « un petit incident » (ou bien, pour s'épargner toute critique, on précisera : « un tout petit incident » !).

105. Âcreté, n. f., alacrité, n. f., et âpreté, n. f.

Dans cette série de mots en entrée, il y a un intrus : en effet, *alacrité* est le type de mot souvent employé à contresens à cause de sa paronymie avec *âcreté, acrimonie*… Or, l'*alacrité* est une qualité tout à fait positive : le mot signifie « bienveillance enjouée », voire « entrain », « vivacité allègre ».

Ayez donc tous de l'*alacrité*, et ne la confondez pas avec une amertume et une aspérité d'humeur dont elle est l'antonyme, c'est-à-dire le contraire absolu !

N. B. : dans *âcreté*, comme dans *âcre*, il y a un accent circonflexe sur le *a*, qui précède une syllabe muette. Ce n'est pas le cas dans *acrimonie*, n. f., ni dans *acrimonieux(-euse)*, qui de ce fait, n'ont pas

---

1. Lorsque l'on parle d'États distincts portant le même nom, on applique la marque du pluriel : *les deux Corées*, *les deux Congos*, *les ex-deux Vietnams*, etc. En revanche, lorsque l'on parle d'un seul pays en le subdivisant en deux catégories de citoyens, secteurs géographiques, zones climatiques…, le singulier est de rigueur : *les deux France, celle des riches et celle des pauvres…*

cet accent. L'accent circonflexe se retrouve dans *âpre* et dans *âpreté*.

Âcre et *âpre* sont des paronymes, non des synonymes, et, naturellement, les différences de signification se retrouvent dans *âcreté* et dans *âpreté* :

Ce qui est *âcre* semble prendre à la gorge, brûler, et est ressenti comme irritant au goût : *un café âcre*, ou bien comme irritant à l'odorat : *une âcre fumée*. Au figuré, et s'agissant de choses, de notions (jamais de personnes) : *« L'âcre amour m'a gonflé de torpeurs enivrantes »* (Rimbaud). *Âcre* exprime alors quelque chose de douloureux, de cuisant, et/ou d'imparfait, d'insatisfaisant, d'insuffisant.

On parle donc de l'*âcreté* d'un liquide (*« l'âcreté de votre bile »*, Molière), d'un plat, d'une fumée, etc.

Âcre a pour quasi-homographe (à l'accent près) le nom féminin *acre* (mot anglais issu du latin *ager*, « champ »), qui désigne différentes mesures agraires : autrefois, surface d'environ 52 ares ; aujourd'hui, dans les pays anglo-saxons, l'équivalent de 4 046,86 de nos mètres carrés (au passage, vous pouvez admirer la précision !). Au Canada, l'*acre* représente 4 840 verges carrées, soit, de nos jours (car *verge* désigne un quart d'arpent), 4 840 fois 0,914 m au carré : vous avez une demi-heure pour nous dire combien cela fait en kilomètres carrés !

Âpre qualifie ce qui est ressenti comme râpeux, comme raclant la langue et la gorge : *un alcool de grain âpre*. L'adjectif s'applique aussi à des choses rigoureuses, rudes, désagréables : *une âpre bise*, *un âpre hiver glacial... ;* à ce qui est pénible, cruel, dur, austère : *l'âpre lutte pour la survie* ; *une vie âpre, faite de misères et de souffrances.*

Le terme peut – contrairement à *âcre* – qualifier des personnes « remarquables » par leur cupidité, leur avidité : *des commerçants âpres au gain* ; *des petits-bourgeois, des petits propriétaires, des retraités, parmi les plus âpres à exiger leur dû…*

Par *âpreté*, on entend le côté rugueux, rude, d'une chose ou d'une personne : *l'âpreté de ces fruits peu sucrés*, *l'âpreté des hivers dans les Carpates*, *l'âpreté de la voix des polémistes…* Encore : *l'âpreté des propos échangés*, *l'âpreté des critiques des émules d'Aristarque*, *l'âpreté de son caractère…*

Même si tous les dictionnaires ne mentionnent pas l'acception, *âpreté* est, par ailleurs, employé au sens de « cupidité ».

106. Adhérence, n. f., et adhésion, n. f.

En prenant la carte de ce parti, Émile a confirmé son adhésion aux idées écologiques : l'*adhésion* consiste en le fait de s'inscrire à un syndicat, à un parti politique, d'entrer dans une organisation, etc. ; dans le fait de partager des idées, d'approuver des opinions : *donner son adhésion à un projet.*

L'*adhérence*, c'est l'état, la qualité de ce qui est adhérent, c'est-à-dire de ce qui est solidement soudé, collé à quelque chose : *l'adhérence de ce nouveau papier peint est parfaite.*

On appelle *adhérent(e)*une personne inscrite à un parti, à un syndicat, à une association… Ce mot s'écrit avec un *e* à la dernière syllabe, à la différence du participe présent qui – comme tout bon participe présent ! – s'écrit avec un *a* : *en adhérant au parti au pouvoir, Hélène comptait assurer son avenir.*

Nom et adjectif, *adhésif(-ive)* se rapporte à *adhérence* : *du papier adhésif transparent, un adhésif costaud.*

Humour : *« Ce nouvel adhérent à la section est très "collant" ! Quelle glu ! »*

107. Affidé(e), n. et adj., affilé(e), adj., affilié(e), n. et adj., et effilé(e), adj.

De nos jours, *affidé(e)* ne s'entend plus que péjorativement… L'*affidé* (surtout employé au masculin) est une personne à qui l'on se fie pour l'exécution d'un mauvais coup, d'une action répréhensible : *Le chef du gang avait chargé un de ses affidés de voler un 4×4*. Le mot désigne aussi un membre d'une société secrète, d'un mouvement illégaliste : *les affidés de la secte*.

Affilé(e) qualifie une chose aiguisée, tranchante : *une machette bien affilée* ; au figuré, ce qui est vif, incisif, pénétrant : *un esprit très affilé.*

Ce qui est *effilé* est long, mince, allongé et étroit : *des formes effilées*.

Le nom et adjectif *affilié(e)* se rapporte aux personnes membres d'un mouvement, d'un parti, d'une association, sans qu'il y ait de connotation péjorative : *la liste des affiliés doit demeurer confidentielle* ; *un mouvement affilié à la Confédération mondiale des jardiniers amateurs*.

Il ne faut pas employer *affilié(e)* à la place d'*assujetti(e)* : une personne *assujettie* est astreinte à une obligation légale : *Tous les Français, en principe, sont assujettis à l'impôt sur le revenu.*

Assujetti(e) s'utilise au sujet de ce qui est soumis à quelque chose : *La construction rapide de ces chalets est assujettie à la fourniture des matériaux commandés en Suède.*

108. Agonir, v. tr. dir., et agoniser, v. intr.

Agoniser, verbe intransitif, au participe passé invariable, est du 1er groupe. Il signifie « être à l'agonie », « être à la toute fin de sa vie ».

Il est souvent confondu avec son paronyme du 2e groupe *agonir*, et il n'est pas rare d'entendre ou de lire : « elles se sont agonisées d'injures » ! Grosse bévue !… C'est *agonir* qui est synonyme d'« injurier », « insulter » (*il s'est fait agonir !*). *Agonir* tout court est relativement peu employé, alors que les constructions pléonastiques, donc critiquables, *agonir d'injures* et *agonir d'insultes* (littéralement : « injurier d'injures », « insulter d'insultes »…) sont plus fréquentes. Il faut dire et écrire : *agonir*, *injurier, insulter*, *couvrir d'injures*, etc.

Se fondant illicitement sur une bévue (inadvertance d'auteur ou bien « coquille ») relevée chez Maupassant : « agonisait d'injures » (bévue doublée d'un pléonasme), un ouvrage censé être de référence en est venu à estimer que le verbe *agonir*, « contaminé » par le verbe du 1er groupe *agoniser*, se conjugue comme ce dernier à l'imparfait. Mais une incorrection ne fait pas nécessairement jurisprudence, et la finale « -isait » est complètement illogique. En réalité, il faut conjuguer *agonir*, verbe du 2e groupe, comme suit : *il agonit* (présent de l'indicatif), il agonissait (imparfait de l'indicatif : deux *s* !), *que j'agonisse* (présent du subjonctif), *qu'il agonît* (imparfait du subjonctif), *agonissant* (participe présent). Au contraire, *agoniser* se conjugue ainsi : *il agonise* (présent de l'indicatif), *il agonisait* (imparfait de l'indicatif), *qu'il agonise* (présent du subjonctif), *qu'il agonisât* (imparfait du subjonctif), *agonisant* (participe présent).

109. Allusion, n. f., alluvion, n. f., et illusion, n. f.

Une *allusion* est un mot, une périphrase, par lesquels on incite à penser à une personne, à une chose, à un événement, sans en parler de manière très précise. L'origine en est le bas latin *allusio*, d'*alludere*, « badiner ».

Alluvion, nom féminin, employé au singulier désigne, en droit, un accroissement de terrain dû aux dépôts qu'abandonne un cours d'eau. Au pluriel, les *alluvions* sont le nom donné à ces dépôts.

Une *illusion* est une erreur des sens ou de l'esprit qui fait prendre une apparence pour de la réalité. L'illusion est aussi un effet artistique qui donne l'impression de faits réels : les prestidigitateurs sont des illusionnistes habiles.

Cette comédienne de cinéma d'âge mûr qui a eu recours plusieurs fois au lifting, c'est… la Grande Illusion, *comme dirait Jean Renoir !*

110. Alternance, n. f., et alternative, n. f.

L'*alternance* réside dans l'action d'… alterner : *Ces comédiens jouent en alternance une pièce de Musset et une tragédie de Racine* ; *l'alternance des saisons* ; *une formation en alternance* (qui fait alterner les sessions d'étude et les stages pratiques en entreprise) ; *l'alternance démocratique…*

Alternative n'a plus, et depuis longtemps, l'acception d'alternance. Aujourd'hui, la principale signification de ce terme est « choix entre deux propositions, entre deux possibilités ». Il y a un choix, certes, mais réduit à une situation dans laquelle il n'y a que deux partis possibles : *L'alternative qui s'offrait à lui était simple : passer la nuit à l'hôtel ou prendre le dernier TER pour regagner la métropole régionale.*

Une *alternative* est, aussi, une succession de choses opposées qui reviennent tour à tour : *une alternative de doute et d'espoir* ; *des alternatives de succès et d'échecs…*

Il est INCORRECT de désigner par *alternative* l'une ou l'autre des deux propositions, des deux possibilités, et de parler de « choix entre deux alternatives ». Utiliser ces formes illicites introduit des confusions dommageables pour la compréhension des textes.

Par ailleurs, *alternative* n'est pas un synonyme de *dilemme* (… qu'on se garde d'écrire « dilemne » !), car ce dernier mot désigne exclusivement l'obligation de choisir entre deux partis possibles qui tous deux amènent une conclusion fâcheuse, qui tous deux présentent des inconvénients.

111. Amener, v. tr. dir., et emmener, v. tr. dir.

Amener, c'est faire venir (avec soi, généralement) un être animé dans un lieu ou vers quelqu'un : *j'ai amené une collègue* ; *je vous amène, comme convenu, mes deux saint-bernard.*

Ce verbe a par ailleurs de multiples acceptions : « engendrer », « causer », « déclencher », « occasionner », « produire », « ramener », « entraîner »…

Il convient de noter qu'*amener* doit être remplacé par *apporter* (ou *porter*) lorsqu'il s'agit d'une chose, d'un objet, que l'on tient ou que l'on porte sur soi : *J'ai apporté mon ordinateur portable*, et non « j'ai amené mon ordinateur portable.

Emmener, c'est mener avec soi – hors du lieu où l'on est, vers un autre lieu – une personne ou un animal : *Emmène donc la gamine au cinéma ! C'est l'heure de sa promenade, emmène Médor au square !* – Pour les choses, il faut utiliser *emporter* : *Pour l'anniversaire de la cousine Marie, emporte le vieux vase de tante Léonie, ça nous débarrassera !*

Emmener signifie aussi « transporter par le rêve, par la pensée » : *Son rêve l'emmenait vers une planète lointaine, semblait-il.*

À retenir, donc : avec *amener* (et *apporter*), on considère le point d'arrivée. Avec *emmener* (et *emporter*), le point de départ.

112. Amnistie, n. f., et armistice, n. m.

Bien que la paronymie ne soit pas criante, il y a souvent des confusions entre *amnistie* et *armistice.*

Un *armistice* est exclusivement une « trêve », une « suspension ou un arrêt des combats ». Ce n'est pas du tout, en droit international, un synonyme de « paix », il faut le savoir, car cela explique, en maintes circonstances, les rapports entre des États…

Une *amnistie* est un acte du pouvoir exécutif ou législatif d'une nation, qui annule des poursuites judiciaires déjà engagées, ou bien qui interdit toutes poursuites à venir. Cela inclut en principe l'annulation de condamnations prononcées, que dès lors plus personne n'a le droit de mentionner, sous peine de se voir accuser de diffamation.

L'amnistie concerne généralement des adversaires politiques, ou des citoyens ayant commis de petits délits… En France, on peut citer notamment l'amnistie prononcée par la Convention nationale en 1796 : *« La Convention abolit à compter de ce jour tout décret d'accusation ou d'arrestation, mandat d'arrêt mis ou non à exécution, toutes procédures, poursuites et tous jugements portant sur les faits purement relatifs à la Révolution* […]. *»* Et celle dont bénéficièrent – au grand courroux de Gustave Flaubert, entre autres – les communards, en juillet 1880.

113. Amoral(e), adj., et immoral(e), adj.

L'adjectif *immoral* (pluriel : *immoraux*) signifie « qui est contraire à la morale, qui est contraire aux bonnes mœurs » : *un livre immoral*. Il ne doit donc pas être confondu avec son paronyme *amoral* (pluriel : *amoraux*), adjectif signifiant « qui n'a aucune notion de la morale, qui ne fait pas de distinction entre le bien et le mal » : *Avec des parents amoraux, il n'est pas étonnant qu'il ait mal tourné*.

Un être *amoral* ignore tout code moral. Un être *immoral* fait bien la distinction entre le bien et le mal… mais n'en agit pas moins dans le sens du mal tel que la morale le définit.

114. Anoblir, v. tr. dir., et ennoblir, v. tr. dir.

Deux verbes à ne pas confondre : *anoblir* est un terme « historique », désignant le fait de conférer un titre de noblesse : *Pour le mariage de son petit-fils, la reine a décidé d'anoblir le père de la mariée.*

Ennoblir, c'est donner de la dignité, de la noblesse morale : *Ses vraies vertus ennoblissaient ce simple ouvrier et le plaçaient bien au-dessus des pseudo-élites autoproclamées de cette prétendue république.*

115. Apurer, v. tr. dir., et épurer, v. tr. dir.

On *épure* afin de rendre pur ou plus pur : *épurer les eaux de cet étang*. On peut aussi épurer un mouvement, un parti, une association : *le secrétaire général décida d'épurer le parti*, c'est-à-dire éliminer, retrancher, chasser les éléments indésirables, purger ce mouvement ou ce parti.

Apurer appartient au vocabulaire de la comptabilité. *Apurer,* c'est s'assurer de la régularité d'une comptabilité, en vérifier les pièces justificatives : *l'expert mit plusieurs semaines à apurer les comptes.* L'Académie française cautionne cette acception (*cf.* n° 3) : *« Vérifier un compte pour s'assurer par un examen définitif que toutes ses parties sont en règle, qu'il n'y a plus d'articles en souffrance et que le comptable doit être déclaré quitte. »* Joseph Hanse, l'excellent linguiste et grammairien belge qui fut le secrétaire perpétuel de l'Académie de langue française de Belgique, remarque – dans son *Nouveau Dictionnaire des difficultés du français moderne* : *« Bien que les dictionnaires s'en tiennent pour* apurer *à ce sens de "vérifier" et refusent celui de "régler, liquider",* apurement *a un sens plus large : "opérations par lesquelles on vérifie un compte ou on en règle le solde". »*

On n'apure pas une situation : on l'*assainit*, on la *rétablit* ; on n'apure pas une dette, on la *règle*, on la *paie*, on la *rembourse*, on *l'éteint*...

116. Aréole, n. f., et auréole, n. f.

Aréole est un terme d'anatomie : c'est le nom du cercle plus coloré qui entoure le mamelon d'un sein ; ou encore le cercle rougeâtre qui est autour d'un point inflammatoire.

L'*auréole* est le nimbe lumineux qui entoure la tête du Christ et des personnages que la religion vénère. Par extension, *auréole* désigne la trace laissée par un détachant sur un tissu (… mais pas par les détachants que des marques proposent au public dans des spots publicitaires !), ou, au figuré, la gloire issue du succès, du martyre, etc.

Puisque nous avons mentionné le mot masculin *nimbe*, il n'est sans doute pas inutile de mettre en garde contre un autre paronyme : si le *nimbe* est une sorte d'auréole entourant la tête d'un personnage illustre ou sacré, le *limbe* est le bord du disque lumineux d'un astre. Il y a donc un point de rapprochement entre les deux sens respectifs de ces deux mots.

Limbe a d'autres significations : 1° bord gradué d'un instrument de mesure circulaire, tel un sextant ; 2° partie principale, large et aplatie, d'une feuille (botanique), et, par analogie, partie élargie d'un pétale.

Exclusivement masculin pluriel, *limbes* désigne, dans la religion catholique, le séjour des âmes des justes avant la rédemption ou des enfants morts sans baptême.

Dans une acception plus usuelle, *limbes* désigne une période floue, une situation incertaine : *être dans les limbes* ; *ce fabuleux projet de logements sociaux n'est toujours pas sorti des limbes de l'Administration.*

117. Astrologue, n., et astronome, n.

L'*astrologue* est un devin qui prétend, d'après l'étude des astres, prédire l'avenir des individus. L'*astronome* est un authentique savant qui étudie scientifiquement l'Univers.

À la cour de France, à partir du XVIe siècle, exista la charge d'« astrologue du roi ». Cosimo Ruggieri, astrologue florentin, fut le favori de Catherine de Médicis. Il est l'auteur d'almanachs annuels qui furent réputés.

Autres paronymes à bien distinguer : *astronaute*, n., voyageur de l'espace interplanétaire, et *astronauticien(ne)*, n., scientifique qui effectue des recherches sur l'astronautique.

Spationaute, n., désigne l'occupant d'un engin spatial, quelle que soit sa nationalité. *Cosmonaute* appartient à la terminologie russe : c'est un astronaute soviétique, russe.

D'après le chinois *taïkong*, « espace », *taïkonaute* désigne l'occupant (exclusivement chinois ?) d'un vaisseau spatial chinois…

Le plus célèbre astrologue français est Nostradamus (Michel de Nostre-Dame), qui vécut de 1503 à 1566. Ce médecin fut appelé à la Cour par Catherine de Médicis, pour occuper cet emploi auprès du roi Charles IX.

Il est l'auteur de « prophéties » : les *Centuries astrologiques*, qui font toujours l'objet d'études… et d'interprétations variées. Les textes sont suffisamment sibyllins pour permettre… *a posteriori* de leur trouver un rapport, de les faire « coller » avec des événements de l'Histoire, ou, même, d'échafauder des hypothèses pour l'avenir…

118. Attirant(e), adj., attractif(-ive), adj., et attrayant(e), adj.

Une femme séduisante exerce un attrait irrésistible, quasiment, sur ceux qui la voient. Ceux-ci sont comme aimantés par cette personne *attirante*, qui n'a rien de repoussant, de rebutant. L'attraction qu'elle produit ne repose pas uniquement sur des appas[1] physiques.

Comme elle exerce de l'attrait, cette même personne peut être dite *attrayante*... mais elle ne sera pas forcément attirante, envoûtante. On qualifie d'*attrayant(e)* ce qui plaît au regard ou à l'esprit : *un panorama attrayant*, *des idées attrayantes*, *des spectacles attrayants*, etc.

Ce qui est *attractif*... attire *: la force attractive des aimants*, *des activités attractives*, *des loisirs très attractifs...*

Dans le milieu du commerce et de la publicité, l'anglicisme *attractive*, francisé en *attractif*, fait florès : aucun pavé de pub, aucune affiche ne paraît aujourd'hui sans comporter le mot, au sens d'« attirant » : *des prix attractifs*, *des soldes attractifs...* Les *publicitaires* (et non les *publicistes* : voir n° 93) se gargarisent de ce terme à la mode, censé, à leurs yeux, être plus fort, plus convaincant, plus attractif qu'*attrayant* ou qu'*attirant.* Cette vue de l'esprit s'appuie évidemment sur l'idée qu'à « l'international », comme disent les « créatifs », ce

1. Voir du même auteur, dans la même collection, *101 fautes à éviter absolument*.

franglais « parlera » à une vaste clientèle pratiquant ou baragouinant l'anglais, le *globish*...

Cet emploi critiqué par les puristes s'est tellement répandu dans le contexte commercial et publicitaire qu'il est inutile de vouloir lutter ici contre l'introduction d'un terme venu de l'anglais, mais qui n'est pas ressenti par le grand public comme une monstruosité, au contraire d'autres anglo-américanismes.

Mais on se gardera bien de dire d'une personne séduisante, attirante, plaisante, amusante, attachante, captivante, qu'elle est « attractive ». Sauf, peut-être, si l'on considère... sa dot, sa fortune ! Dans ce cas, on osera : *Cette héritière n'est pas très attractive, vue de face. Mais, vue de... dot !*

119. Blanchiment, n. m., blanchissage, n. m., et blanchissement, n. m.

Par *blanchiment* (attention à l'orthographe : ne pas écrire « blanchîment » ni « blanchiement »), on désigne l'action de peindre en blanc : *le blanchiment des murs extérieurs de ces maisons rétaises*[1], de recouvrir de blanc : *blanchiment au lait de chaux, par-dessus les briques*. Aussi : l'action de décolorer de la pâte à papier, des tissus... : *le blanchiment de ces voiles*. C'est encore le fait de blanchir de l'argent ; de donner une provenance légale à des fonds dont l'origine est illicite, frauduleuse : *blanchiment des narcodollars*.

1. De l'île de Ré.

Le *blanchissage* est l'action de nettoyer le linge, de le rendre propre (*porter des draps au blanchissage*).

Le *blanchissement* est le fait de blanchir : *le blanchissement des cheveux*… qui peut aboutir à la *canitie* (et non à la *calvitie*, comme l'on voit assez souvent, par erreur).

Mot peu connu, *canitie*, n. f., désigne l'état d'une chevelure devenue blanche (du latin *canities*, de *canus,* « blanc », « chenu »). L'ignorance de ce terme conduit un certain nombre de personnes à écrire *calvitie*, vocable qui désigne, lui, l'absence partielle ou totale de cheveux (du latin *calvus*, « chauve »). Selon un humoriste qui pourrait bien être Alphonse Allais, il ne faut pas mettre aux fers les marins fautifs, car « la cale vicie »…

120. Bourré(e), adj., et bourrelé(e), adj.

Bourrelé(e) étant parfois ignoré, un certain nombre de personnes y voient une erreur, un lapsus, une « coquille » pour *bourré(e).* Il n'en est rien, le verbe transitif *bourreler* existe bel et bien, au sens de « tourmenter », « torturer moralement » et, surtout, « être torturé moralement » : *Elle était bourrelée de remords.*

Tourmentée par le remords, cette personne peut aussi être… *bourrée de complexes*, *de regrets*, *de repentir*, puisque *bourré(e)* signifie « entièrement plein(e) de… » : *un devoir bourré de fautes, une salle de spectacle bourrée, une valise bourrée, une rame de métro bourrée aux heures de pointe.*

S'agissant d'une personne plongée dans le remords, on ne dit pas « au court » : *il était bourré* ! Car, alors, le niveau de langage changeant, on passe au familier, à l'argotique, et l'on signifie que cette personne était « pleine », « saoule », « ivre »… « beurrée », après avoir pris « une bonne bourre », et s'être « bourré le pif ».

Attention, par ailleurs, aux méprises sur « partie(s) de bourre-pif » : cette expression repose sur le mot composé *bourre-pif*, qui ne désigne pas des libations copieuses, mais un coup dans la figure. Une partie de *bourre-pif* ne consiste donc pas à aligner les tournées au bar, mais réside dans d'autres « tournées » : les castagnes, les bastons ! Toutefois, des humoristes, des dialoguistes, des chansonniers peuvent jouer sur les mots…

121. Boutoir, n. m., et butoir, n. m.

Lu dans la presse récemment : *« Sous les coups de butoir de l'équipe adverse, le XV local finit par lâcher prise et par concéder trois essais ! »*

Erreur due à la paronymie : c'est sous les coups de *boutoir* des rugbymen de l'équipe visiteuse que le XV de la ville hôte a fini par plier. *Boutoir* est de la famille de *bouter*, ce qui, pour tous les Français, évoque Jeanne d'Arc, qui était déterminée à bouter les Anglais hors du pays. La Pucelle fit en effet savoir, en avril 1429, à nos ennemis héréditaires d'alors, qui assiégeaient Orléans : *« Rendez à la Pucelle ci envoyée de par Dieu les clés de toutes les bonnes villes que vous avez prises et violées en France…*

Je suis ci venue par Dieu le roi du Ciel, corps pour corps, afin de vous bouter de toute France. »

Les *coups de boutoir* sont des attaques vigoureuses, violentes, brutales, d'une force et d'une soudaineté telles qu'elles peuvent permettre de vaincre rapidement.

On appelle *boutoir* l'extrémité du groin et les canines avec lesquels le porc et le sanglier creusent le sol, la terre.

N. B. : il est rare d'employer *coups de boutoir* à propos de paroles violentes, de discours durs.

Mot polysémique, c'est-à-dire ayant plusieurs significations, *butoir* (avec un seul *t*) est, entre autres, un synonyme de *heurtoir*, de *butée*, pour désigner un dispositif, une pièce fixe destinés à arrêter des choses mobiles. Ainsi toutes les gares ferroviaires comportent-elles, aux extrémités des voies, des butoirs dont le rôle est d'empêcher les rames de sortir des rails. En dépit de la solidité de ces butoirs de chemins de fer, à plusieurs reprises des trains arrivant en gare à trop vive allure ont emporté, balayé ces butées.

Reproduite en carte postale, la catastrophe du 22 octobre 1895 est impressionnante : le Granville-Paris (douze voitures, deux fourgons à bagages et un fourgon postal), emporté par la vitesse – afin de combler un retard – fait sauter les butoirs et traverse la gare Montparnasse. La locomotive défonce le fronton… et s'écrase, dix mètres plus bas, le « museau » fiché en terre ; la « loco », toujours suivie de ses fourgons et voitures, qui la retiennent en équilibre, fait un angle de 45 ° avec la façade de la gare. Il y eut des blessés, mais aucun mort dans le train… Deux victimes dans la gare.

D'autres accidents de ce type, dus à des raisons diverses, se sont produits dans des gares, notamment à Paris, au cours des trente dernières années, entre autres. Les butoirs ayant tenu, les chocs furent généralement violents, voire meurtriers…

C'est de cette acception de *butoir*, « limite à ne pas dépasser », que vient la locution *date butoir.*

Par ailleurs, *butoir* est le nom d'un outil à sculpter le bois, et aussi celui d'un couteau à racler le cuir.

Attention à l'orthographe ! Il existe aussi un *buttoir* (avec deux *t*), une petite charrue employée pour… *butter*, c'est-à-dire pour dresser une butte de terre autour de plantes : *butter des asperges*, pour disposer de la terre en petites buttes.

122. Calandre, n. f., calanque, n. f., et calendes, n. f. pl.

Renvoyer aux *calendes* grecques, c'est renvoyer à la Saint-Glinglin, c'est… remettre à jamais, puisque le calendrier grec n'avait pas de calendes ! Le nom féminin pluriel *calendes* désigne, dans le calendrier romain, le premier jour de chaque mois.

On appelle *calanque*, dans le midi de la France et en Corse, une petite baie, une crique rocheuse, étroite et profonde : *les calanques proches de Marseille.* (Du provençal *calanco*, de *cala*, « crique ».)

Calandre n'est pas seulement le nom du cadre métallique qui protège et décore le radiateur de certaines voitures (du grec *kulindros*, « cylindre »). À partir du même étymon, le terme désigne aussi, et entre autres, une machine qui sert à lustrer et à lisser les étoffes, à glacer des papiers.

À partir d'une étymologie différente, *calandre* est, par ailleurs, le nom d'une grande alouette du sud de l'Europe, et aussi, d'origine incertaine cette fois, le nom de divers charançons qui s'attaquent au grain des céréales : *la calandre du blé*.

123. Canné(e), adj., cannelé, n. m., et cannelé(e), adj.

Un siège *canné* a le fond et/ou le dossier garni de tressage de lanières de jonc ou de rotin : *des fauteuils de jardin cannés*.

Ce qui est *cannelé* présente des rainures, des sillons longitudinaux : *des colonnes cannelées*.

Très à la mode, le *cannelé*, ou *cannelé bordelais*, est un petit gâteau moelleux en forme de cylindre strié, cannelé. Il est parfumé au rhum et à la vanille (autres ingrédients : farine, jaune d'œuf, sucre de canne, lait et beurre), et il doit être croustillant et caramélisé à l'extérieur.

La graphie *cannelé*, licite, est la seule donnée en entrée par Le Petit Larousse et Le Petit Robert. Mais il faut savoir que pour affirmer l'identité régionale (Bordelais), et pour rappeler l'étymon gascon *canelat* (= canelure), une confrérie du *canelé* de Bordeaux, créée en 1985, a déposé l'appellation collective *canelé* à l'Institut national de la propriété industrielle.

Ce gâteau très apprécié est aussi appelé *cannelet*, *canelet*, *millas-canelet*, *millason*, *canaut*... Il y a – peut-être – un lien avec les *canelas* ou *canelons* que produisaient les religieuses du couvent des

Annonciades, à Sainte-Eulalie…, mais leurs gâteaux ne semblent pas avoir comporté de cannelures. Un rapport est possible avec la *canole*, ou *canaule* (*canaulé*, *canaulet*), du moins quant au nom…, car les canauliers ne paraissent pas avoir utilisé de moules à cannelures pour leurs gâteaux plus rustiques…

Il existe plusieurs tailles de cannelés. Ceux-ci doivent, en principe, être consommés froids (d'aucuns préfèrent les manger légèrement tièdes)… et sans trop tarder !

124. Capitaine d'industrie et chevalier d'industrie

« Le patron devint alors "le patriarche", respecté de tous, mais rien ne se fit sans son assentiment… Chevalier d'industrie moderne, créateur d'un empire familial […]. *»*

En armant *chevalier d'industrie* un grand manufacturier du textile, le rédacteur auteur de la phrase ci-dessus a eu la noble intention de lui faire un maximum d'honneur, n'en doutons pas. Il l'adoubait, comme on disait au Moyen Âge. Mais il a négligé, et c'est grave en l'occurrence, la nuance importante séparant *chevalier d'industrie* de *capitaine d'industrie*…

Un *chevalier d'industrie*, c'est, selon tous les bons dictionnaires, « un homme qui vit d'expédients » (et ce n'est pas nouveau : déjà Wailly, dans son dictionnaire de 1834, traduisait par *« escroc qui vit d'adresse »* ; « d'adresse », c'est-à-dire « par son esprit d'industrie », par ses ruses, ses roueries, ses escroqueries). Nous voilà bien loin de l'hommage que le journaliste croyait rendre à un industriel que chacun tient pour exemplaire. En se montrant plus rigoureux dans l'expression de sa pensée, il aurait dû écrire que ce patron plein de vertus était un *capitaine d'industrie,* soit un brasseur d'affaires, le chef d'une grande entreprise.

On croit avoir tressé des louanges, dressé un procès flatteur, et – pour ne pas maîtriser la langue française – on peut se retrouver avec sur le dos un procès pour diffamation.

125. Capiteux(-euse), adj., et captieux(-euse), adj.

Un parfum *capiteux*, des vins *capiteux*, enivrent, portent à la tête, excitent les sens ou l'esprit. De même, on peut utiliser cet adjectif pour parler d'une personne : *une blonde capiteuse* ; *le charme capiteux de cette star hollywoodienne*.

Captieux est synonyme de « trompeur, fallacieux » : *les arguments captieux de ce démagogue*. Ce qui est *captieux* doit berner, capter, capturer… La *blonde capiteuse* dont nous parlions plus haut cherche peut-être, elle aussi, à captiver, puis à capturer, mais sans duper…

126. Chansonner, v. tr. dir., et chantonner, v. tr. dir. et intr.

Chansonner le Premier ministre, c'est le railler – plus ou moins satiriquement – en chanson. *Chansonner,* c'est le propre des chansonniers, auxquels les radios et les télévisions, en France en tout cas, n'ouvrent plus les bras…

Chantonner, c'est chanter à mi-voix : *En préparant le petit déjeuner, Martine chantonnait en sourdine, pour ne pas réveiller les enfants*. C'est fredonner, sans prononcer distinctement ou complètement les paroles : *Mis en verve par le calvados, le grand-père chantonnait de vieilles rengaines des années 1930-1940 : le répertoire des Tino Rossi, Fréhel, Albert Préjean…*

127. Coasser, v. intr., et croasser, v. intr.

La grenouille *coasse* (verbe *coasser*), et ne *croasse* pas, même si elle est native de Croatie ! Ce sont les corbeaux et les corneilles qui *croassent* (verbe *croasser*).

Au figuré, *coasser* équivaut à « jaser », à « médire » : *Ces ados sont encore en train de coasser !*

Le cri respectif de ces animaux s'écrit ainsi, en principe : *coâ* pour les grenouilles, *croâ* pour les corbeaux. Dans la désopilante comédie lyrique *Platée*, dont l'action se déroule au royaume des batraciens, et met en scène notamment Jupiter, Junon et la ridicule grenouille Platée, reine des marais, la musique de Jean-Philippe Rameau s'appuie sur les rimes en « coi » du livret, en particulier quand le chœur batracien coasse « Quoi ? Quoi ? »…

128. Colorer, v. tr. dir., et colorier, v. tr. dir.

Le soleil colore les coteaux dès le matin : il donne de la couleur, il donne une teinte à ces coteaux (*N. B.* : il n'y a pas d'accent circonflexe sur le *o*, car il ne précède pas une syllabe muette, contrairement à *côte*). Par extension, au figuré, *colorer* signifie « enjoliver », « embellir » : *Par son accent provençal, il colore gaiement le récit de son voyage.*

Colorier, c'est appliquer des couleurs sur des dessins, sur des objets : *Marie-Clotilde coloriait sagement un album. Alain coloriait avec application des bouteilles en plastique dont il avait fait des quilles.* – *Colorier*, c'est faire du coloriage !

129. Compréhensible, adj., et compréhensif(-ive), adj.

Est *compréhensible* ce qui est intelligible, qui peut se comprendre aisément : *Cet éditorialiste rédige toujours son billet d'une manière compréhensible.* On qualifie également de *compréhensible* ce dont on peut comprendre les motifs, les causes, les raisons ; ce qui est concevable, et, partant, excusable : *une bien compréhensible réaction de colère.*

Est *compréhensif(-ive)* celui (celle) qui est bienveillant, large, libéral ; qui est capable de comprendre les autres et d'être indulgent pour leurs faiblesses, leurs erreurs, leurs fautes ; qui montre de la tolérance envers les idées et les sentiments d'autrui : *Le formateur, compréhensif, libéra les stagiaires un quart d'heure plus tôt.*

130. Confondre, v. tr., et morfondre (se), v. pron.

Selon un quotidien parisien, à la suite d'accidents à répétition, une société « se morfond en excuses »…

Le verbe *se morfondre* a signifié jadis « prendre froid », « s'enrhumer », « être transi de froid et/ou d'humidité », d'abord à propos des chevaux, puis, par extension, des gens. Un glissement progressif lui donna un sens plus restreint, celui de « s'ennuyer en attendant », « s'attrister en attendant longuement ». On ne se « morfond » donc pas, mais on se *confond en excuses*, c'est-à-dire qu'on présente des excuses solennelles, humiliées, chargées de *mea culpa*. On se couvre la tête de cendres !

131. Conjecture, n. f., et conjoncture, n. f.

Une *conjecture* est une hypothèse, une supposition : *Faute de communiqué officiel, on en est réduit à des conjectures sur les véritables intentions du secrétaire général du parti travailliste.*

Une *conjoncture* est une situation d'ensemble résultant d'une simultanéité d'événements, notamment dans le domaine politique et/ou économique : *La conjoncture n'est guère encourageante pour ceux qui veulent créer une petite entreprise.*

Par conséquent, on peut se livrer à des *conjectures* sur l'évolution de la *conjoncture* actuelle !

132. Continuation, n. f., et continuité, n. f.

L'action de poursuivre ce qui a été commencé est une *continuation* ; c'est un prolongement, une prolongation (*cf.* n° 91) : *La continuation des affrontements dans la rue ne permettait pas la continuité politique.*

On appelle *continuité* l'état, le caractère de ce qui est continu, que ce soit dans le temps ou dans l'espace : *la continuité des hauts plateaux dans le sud du pays*. Aussi : une succession ininterrompue : *Le discours du sénateur n'était qu'une continuité de lieux communs*, et la constance, la fidélité : *la continuité de l'action menée depuis trois ans*.

Attention au dangereux contresens sur l'expression *solution de continuité*, qui signifie exclusivement : « interruption dans un raisonnement, dans un développement, dans une action quelconque ; aussi dans la régularité d'une surface (*une falaise verticale sans solution de continuité*)… » et non le contraire : « esprit de suite, continuation, poursuite ». Donc, *sans solution de continuité* veut dire « sans interruption » !

133. Cuirassé, n. m., et cuirassier, n. m.

Un des chefs-d'œuvre du cinéma est *Le Cuirassé* Potemkine (1925), du réalisateur soviétique Sergueï Mikhaïlovitch Eisenstein (1898-1948), personnalité essentielle de l'histoire du septième art. Tous ses films sont à voir : *La Grève*, *Octobre*, *Que viva Mexico !*, *Alexandre Nevski* et *Ivan le Terrible*, à la fois pour leur qualité artistique et esthétique et en tant que témoignages sur l'histoire de la Russie… vue au travers d'une inspiration révolutionnaire, bolchevique. Eisenstein tourna, il ne faut pas l'oublier, sous l'ère stalinienne…

Potemkine, homme d'État et feld-maréchal, fut le favori de Catherine II. Personnage russe important du XIXe siècle, son nom fut donné à un *cuirassé* de la flotte tsariste. Les cuirassés, qui, comme leur nom l'indique, étaient de grands bâtiments de guerre protégés par un épais blindage, bénéficiaient d'une très forte artillerie.

La mutinerie des marins du cuirassé *Potemkine* (juin 1905) se situe à l'époque de la désastreuse guerre russo-japonaise (février 1904-décembre1905), dont les Nippons sortirent vainqueurs. Le *Potemkine*, lui, faisait partie de la flotte russe de la mer Noire, à Odessa. Les matelots se révoltèrent contre les conditions de vie insupportables (discipline trop dure, inégalités intolérables entre marins et officiers, nourriture avariée…).

Les mutins, finalement, se rendirent aux autorités roumaines, à Constanta. Le cuirassé fut restitué à la Russie et la plupart des marins ne regagnèrent la Russie qu'après la révolution d'Octobre (ceux d'entre eux qui rentrèrent tout de suite furent arrêtés et jugés).

Le chanteur-compositeur Jean Ferrat a consacré à cet épisode révolutionnaire la chanson *Potemkine*, qui eut quelque mal à passer sur les chaînes nationales françaises à l'époque gaulliste (1965 et suiv.).

Les *cuirassiers*, avec les carabiniers, faisaient partie de la cavalerie lourde. Montant des chevaux puissants, ces militaires munis d'un casque et d'une cuirasse menaient des charges impressionnantes, qui faisaient trembler le sol, si l'on en croit différents témoignages. Ils étaient surnommés « les gros frères » ou « les hommes de fer ».

La charge des cuirassiers de Reichshoffen, lors de la bataille de Froeschwiller-Woerth (dite de Reichshoffen), en Alsace, le 6 août 1870, fait partie des hauts faits militaires français, bien qu'il s'agisse d'un désastre. La calamiteuse guerre franco-prussienne a en effet été marquée par des décisions malheureuses du haut commandement français, notamment celle d'envoyer inutilement à la mort les régiments de cuirassiers contre un ennemi infiniment plus nombreux et supérieur en armement. Le futur Kaiser, le roi de Prusse Guillaume Ier, observant à la longue-vue cette charge héroïque et suicidaire, s'écria : *« Oh ! Les braves gens ! »* (au sens d'« hommes braves », bien sûr). Peu de cuirassiers sortirent vivants de cet enfer…

La paronymie entraîne de fréquentes erreurs, et il n'est pas rare d'entendre des animateurs de radio ou de télé parler du « cuirassier Potemkine », ou des commentateurs mentionner, le 14-Juillet, la présence de « régiments blindés de cuirassés » au sein du défilé (du fait de la mécanisation de l'armée, la cavalerie s'est transformée en régiment de blindés, qui ont parfois gardé la dénomination de « cuirassiers »).

134. Décade, n. f., et décennie, n. f.

Une *décade* est une période de dix jours (au sens propre : « série de dix »). En France, dans le calendrier révolutionnaire, les mois étaient découpés en décades.

Sans doute sous l'influence de l'anglais – où *decade* signifie « dix ans » –, une erreur assez fréquente fait employer *décade* à la place de *décennie*, seul terme correct équivalant à « période de dix ans » (*cf.* la garantie *décennale* fournie par un artisan, par un fabricant).

Claude Chabrol, en 1971, a tourné *La Décade prodigieuse*, tiré du roman policier éponyme du fameux auteur américain Ellery Queen (pseudo adopté par deux cousins, Manford Lepofsky et Daniel Nathan… qui par ailleurs avaient décidé de changer leurs noms pour leur donner une consonance plus anglo-saxonne : Manfred B. Lee et Frederic Dannay). En anglais, le roman s'intitule : *Ten Day's Wonder*, c'est donc bien *décade* que l'on devait retrouver dans le titre en français !

135. Déchirement, n. m., et déchirure, n. f.

Le *déchirement* est aussi bien une lésion causée à un muscle à la suite d'un effort violent ou d'un coup (mais un claquage sera aussi nommé « déchirure ») qu'une douloureuse souffrance morale. *Déchirement* peut, encore, être synonyme de « division », d'« affrontement ».

Une *déchirure* est le résultat de l'action de déchirer quelque chose, d'y faire un accroc : la *déchirure* d'une robe, d'un parchemin…

136. Démystifier, v. tr. dir., et démythifier, v. tr. dir.

Il est souvent difficile de démystifier les naïfs, hélas… : ce constat qui s'avère exact en maintes circonstances repose sur le verbe *démystifier*, qui signifie « détromper quelqu'un qui a été abusé ou qui est très crédule ».

Autre acception : expliquer clairement ce qui peut paraître… mystérieux : *Le médecin eut bien du mal à démystifier aux yeux d'une population analphabète ce phénomène on ne peut plus naturel.*

Démythifier, c'est faire perdre le caractère sublime ou merveilleux, fabuleux, qui s'attache à quelqu'un ou à quelque chose (*démythifier le personnage de don Juan*). Au second sens, exposé ci-dessus, de *démystifier*, *démythifier* peut convenir également, selon la pensée qu'on entend exprimer.

137. Dentition, n. f., et denture, n. f.

Dentition désigne la formation et l'apparition des dents : *Les tout-petits sont très souvent grognons pendant la dentition*. Par *denture,* on entend l'ensemble des dents : *Cet acteur comique a une denture chevaline.*

Un glissement dû à la paronymie entraîne des usagers du français à donner au premier de ces deux mots l'acception de l'un et de l'autre. Mais c'est une erreur : la précision, la clarté du langage exigent que l'on conserve à *denture* la signification d'« ensemble des dents possédées par une personne à un moment donné », et à *dentition* celui de « poussée des dents chez un être jeune ».

Une mâchoire *dentée* sera à l'opposé d'une bouche *édentée* ! Par ailleurs, *denté(e)* qualifie ce qui comporte des saillies en forme de dents : *des roues dentées*, *des feuilles dentées*… Mais des timbres-poste, eux, sont *dentelés*, des pièces de monnaie peuvent être *dentelées* : les uns et les autres sont bordés de petites dents, de petites échancrures. Une côte maritime très découpée sera qualifiée de *dentelée*, et non de « dentée ». Certaines feuilles sont *dentelées* alors que d'autres, on l'a dit, sont nettement *dentées* : attention à la rigueur dans l'emploi des mots, alors !

Dans une de ses lithographies, publiée en 1825, le célèbre Charlet a représenté un vieillard chargé d'un gros pain et qui dit tristement : *« Jeune, j'avais des dents et pas de pain. Vieux, j'ai du pain et pas de dents… »* Sa *denture* avait évolué au fil des *décennies* (*cf.* n° 37).

138. Désintéressement, n. m., et désintérêt, n. m.

Des personnes qui ne recherchent pas un intérêt personnel dans toutes leurs activités sont à louer pour leur *désintéressement*, une qualité devenue rare, en particulier chez les politiciens. Aux yeux de leur employeur, qui voudrait que ses employés et cadres soient toujours « agressifs », « accrocheurs », etc., ce désintéressement peut sembler être un manque de combativité (*N. B.* : un seul *t*, comme dans *combatif*[*ive*], et contrairement à *combattre* et à *combattant*[*e*] ; une discordance inutile, qu'il serait aisé de faire disparaître), c'est-à-dire peu d'intérêt pour leur fonction, leur tâche : du *désintérêt* !

Si *désintéressement* a pour acception la plus courante le fait d'être intègre, probe, de n'être pas inspiré par la cupidité, par la rapacité ni par le souci de profiter – sous toutes les formes – de sa position civile ou professionnelle, le terme a par ailleurs la signification de « dédommagement » : *Grâce à une avance sur héritage, elle a pu assurer le désintéressement de ses créanciers…*

Désintérêt, donc, équivaut à « indifférence » : *Il ne cachait plus son désintérêt pour les programmes de cette chaîne de télévision.*

139. Égaler, v. tr., et égaliser, v. tr. dir. et v. intr.

Égaler, c'est être égal en quantité ou en qualité, en mérite, etc. : *Son savoir égale celui des plus instruits.*

On peut *égaliser un sol* : le lisser, le rendre uni, plan. *Égaliser*, c'est aussi niveler au sens de mettre sur pied d'égalité : *égaliser les chances*, et rendre égal en valeur, en dimension : *égaliser des cheveux*, *égaliser les salaires*. Le verbe est intransitif au sens d'« obtenir le même nombre de points que l'adversaire, que l'équipe adverse » : *Saint-Étienne égalisa à la 89e minute.*

140. Émerger, v. intr., et immerger, v. tr. dir.

Émerger signifie « sortir d'un milieu liquide et apparaître à sa surface ». Par extension, c'est surgir d'un milieu quelconque : *Le géant émergea de la foule.*

Il ne faut pas dire « ces écueils émergeaient de la surface » ni « le plongeur émergea de l'eau », car ce sont, littéralement, des expressions pléonastiques. Il suffit de dire : *Ces écueils émergeaient* et *Le plongeur émergea.* Mais il n'y a pas pléonasme quand le complément apporte une précision utile. Ainsi : *En plein désert, des palmiers émergeaient des sables.*

Émerger a par ailleurs l'acception de « percer », « se distinguer en montrant ses qualités » : *Elle émergeait du lot des candidates.*

Verbe transitif, *immerger* a pour acception « plonger entièrement dans un liquide » (donc, « immerger totalement » est un pléonasme) : *Les deux enfants tentaient d'immerger dans la baignoire un gros canard en plastique.*

141. Enfantin(e), adj., et infantile, adj.

Un langage *enfantin* est propre à l'enfant. De même : *des gestes enfantins*, *des sourires enfantins*, *des mimiques enfantines*, *les amours enfantines*... On qualifie d'*enfantin* ce qui est aisé à faire, à comprendre, à réaliser, à résoudre : *des problèmes enfantins, « c'est enfantin ! ».*

Infantile n'est pas un synonyme d'*enfantin(e)*, et a d'autres emplois : 1° en médecine et en psychologie, « ce qui est relatif à l'enfant en bas âge » : *les maladies infantiles* ; *en être au stade infantile* ; 2° ce qui est digne d'un enfant (au sens de « puéril ») : *des attitudes infantiles*, *un raisonnement infantile*, *avoir des réactions infantiles* (primaires, débiles...). Dans ce dernier cas, le mot est pris péjorativement à l'égard d'une personne (ou de son comportement) comparable à un enfant du point de vue de l'intelligence ou de la sensibilité. Cette personne est alors taxée d'infantilisme...

142. Ennuyant(e), adj., et ennuyeux(-euse), adj.

C'est ennuyant ! autrement dit : cela donne du souci, est source de contrariété ; cela cause un ennui, une difficulté… ; c'est désagréable.

Un retard dans un approvisionnement peut se révéler très *ennuyant* ; l'humidité qui monte par capillarité dans des murs est fort *ennuyante*…

Cette conférence est bien ennuyeuse ! Si l'on pouvait s'éclipser discrètement !… Ce qui est ennuyeux suscite l'ennui, le désintérêt, l'impatience ou le sommeil !

Selon certains, *ennuyant(e)* qualifierait seulement des choses alors qu'*ennuyeux(-euse)* peut s'appliquer à des personnes : *Cet orateur est des plus ennuyeux ! Quelle purge !…* D'autres linguistes, tel Littré, mais il est vrai que cela nous ramène à presque cent cinquante ans en arrière, admettaient *ennuyant* à propos d'une personne qui cause occasionnellement un souci, *ennuyeux* ayant l'acception toujours actuelle de « qui ennuie constamment »…

L'emploi d'*ennuyant(e)* tend à disparaître au profit d'*ennuyeux(-euse),* dans tous les cas. Mais il est toujours dommage de perdre une finesse de langage…

143. Épancher, v. tr. dir., et v. pron., et étancher, v. tr. dir.

Elle épanche très longuement ses peines : cette personne confia sans retenue, et avec sincérité, ses soucis à un(e) ami(e), à un(e) confident(e). Avec la même signification, on emploie plus souvent, aujourd'hui, la forme pronominale : *Elle s'épancha longuement* [sur le sein de quelqu'un].

Dans le domaine médical, *épancher* a le sens de « se répandre [pour un liquide] dans une cavité, dans une partie du corps qui, normalement ne sont pas destinées à le recevoir ». C'est pourquoi l'on parle d'*épanchement de sang*, d'*épanchement de synovie*, etc. Là encore, la forme pronominale s'est imposée : *Du sang s'est épanché dans l'estomac.*

On entend couramment le barbarisme « épancher sa soif »... qui, plutôt illogiquement, signifierait « étendre, répandre sa soif ». Non, on *étanche* sa soif en se désaltérant : bien loin de répandre du liquide, on en absorbe pour éteindre sa pépie ! *Étancher* a aussi l'acception d'« éponger » : *étancher le vin répandu sur la table*, d'« arrêter un écoulement » : *étancher une plaie*, et, encore, de « rendre étanche » : *étancher un tonneau.*

144. Épigramme, n. f. [et n. m. par ailleurs], épigraphe, n. f., et épitaphe, n. f.

Une *épigramme* est une petite pièce de vers – un quatrain, le plus généralement – portant sur des sujets variés. La notion de raillerie, de satire, n'y a été associée qu'au fil des siècles (plus précisément, au XVIe siècle), alors que, chez les Anciens, cette œuvre n'était qu'une petite poésie pastorale, élégante, délicate, gracieuse. Tout d'abord s'achevant sur un trait plaisant, piquant, l'*épigramme* est quasiment devenue synonyme de « pamphlet ». Par extension, le mot signifie donc également « brocard »,

« raillerie ». (Primitivement, *épigramme* fut du genre masculin. Ce genre masculin est celui du second *épigramme*, un terme usité en boucherie pour désigner le haut de côtelettes d'agneau : *des épigrammes grillés.)*

L'*épigramme*... venimeuse la plus connue est sans doute celle que fit Voltaire sur son ennemi préféré : Élie Catherine Fréron (1718-1776), élève, puis professeur, chez les jésuites et journaliste. Qu'on en juge :

L'autre jour, au fond d'un vallon,
Un serpent piqua Jean Fréron.
Que pensez-vous qu'il arriva ?
Ce fut le serpent qui creva.

À propos d'une ravissante idiote, Denis Sanguin de Saint-Pavin (1595-1670) pondit les vers suivants :

Nature en formant votre corps,
Lui donna tant d'avantages
Que celui qui forma l'esprit
En fut jaloux et, de dépit,
Refusa d'achever l'ouvrage.

Saint-Pavin aurait bien de l'ouvrage sur les bras, aujourd'hui, avec les bécasses et les sots qui, entre autres, s'exhibent à la télévision, soit comme animateurs, soit comme concurrents à des jeux peu propices à élever le niveau de réflexion, d'intelligence et de culture.

On ne doit pas confondre l'épigramme avec l'*épigraphe*, qui est l'inscription placée sur un monument, un édifice, pour en indiquer la date de construction, la destination, etc., ou bien une pensée, une citation empruntée à un auteur, que l'on mentionne en tête d'un livre (ou à l'entrée d'un chapitre) pour indiquer l'esprit dans lequel ce livre (ou ce chapitre) a été rédigé.

L'*épigramme* et l'*épigraphe,* enfin, ne doivent pas être confondues non plus avec l'*épitaphe*, inscription sur une tombe. L'imagination humaine étant sans limites, de véritables petits chefs-d'œuvre ont été concoctés, aussi, dans ce domaine bien particulier.

L'écrivain et gastronome Charles Monselet fit inscrire :

Versez sur ma mémoire chère
Quelques larmes de Chambertin[1]
Et, sur ma tombe solitaire,
Plantez des soles… au gratin !

Épitaphe-reproche, sur une autre tombe :

Je vous l'avais bien dit, que j'étais malade !

Épitaphe rédigée par un… « veuf joyeux », Jacques de Lorens :

Ci-gît ma femme. Oh ! Qu'elle y est bien,
Pour son repos et pour le mien !

On a même vu des artisans – ou leurs héritiers – faire graver d'étonnantes *épitaphes* qui, tout en saluant le défunt, faisaient savoir à tout le monde que l'entreprise continuait avec dévouement et qualité son activité au service de la clientèle !

---

1. Il n'est pas étonnant de voir un gourmet mettre une majuscule illicite au nom commun *chambertin* (le chambertin était le vin préféré de Napoléon).

145. Éruption, n. f., et irruption, n. f.

La paronymie entre ces deux termes entraîne souvent le mauvais emploi de l'un ou de l'autre. L'*irruption* est une ENTRÉE violente et soudaine, un envahissement brutal et subit : *Les manifestants firent irruption dans la salle du conseil municipal. L'irruption des eaux de la rivière en crue dans les rues du village*… C'est aussi l'invasion d'idées, de sentiments : *C'est à ce moment que la pensée de la mort fit irruption dans ma vie quotidienne.*

Il y a dans *éruption* la notion de SORTIE violente : *un volcan en éruption*, d'apparition soudaine, brutale, de rougeurs, de taches, de boutons sur la peau : *l'éruption de cloques* ; l'évacuation subite de sang, de pus, etc.

Ne pas dire ni écrire, donc : « Les Dalton firent éruption dans le saloon » ni « l'irruption de la montagne Pelée, à la Martinique, en 1902 ».

146. Étalage, n. m., et étalement, n. m.

Par *étalage*, on entend l'exposition d'objets, de marchandises à vendre, ou le lieu où on les expose : *vente à l'étalage, un bel étalage de légumes*. Et aussi l'exposition ostentatoire de son savoir, de ses richesses, de ses parures : *Il est exaspérant à force de faire étalage de sa science !* ; *un tel étalage de luxe est indécent*.

L'étalement d'une carte routière sur la table = le dépliement, le déploiement de cette carte. *Étalement* est, également, un synonyme d'« échelonnement » : *l'étalement des vacances, l'étalement du remboursement…*

147. Évoquer, v. tr. dir., et invoquer, v. tr. dir.

Au sens propre, *évoquer,* c'est appeler par magie. Au sens figuré, c'est rappeler à la mémoire : on évoque un souvenir, le passé, un problème…

Le paronyme *invoquer* a pour sens propre « appeler à l'aide en priant », pour sens figuré « recourir à ». On invoque une divinité, un saint, un principe, une doctrine… et, là, les deux verbes ont des sens tangents propices à la confusion : on peut *évoquer* un texte de loi, c'est-à-dire le citer, et on peut également l'*invoquer,* s'appuyer sur ses dispositions pour argumenter.

L'emploi d'*évoquer* pour une chose à venir (« évoquer les futures vacances ») est un abus à éviter. En tout cas, c'est une hardiesse condamnée aujourd'hui encore non seulement par les puristes, mais par les défenseurs de bon usage contemporain.

148. Flottage, n. m., flottaison, n. f., flottation, n. f., et flottement, n. m.

Tombé quasiment en désuétude, le *flottage*[1] est le transport par eau du bois flotté, du bois qui est porté par le cours d'eau : *En 1872, un million de troncs devaient, par flottage, arriver jusqu'au chef-lieu.*

---

1. Les Québécois disent : « la drave » (*cf.* une chanson de Félix Leclerc), d'après l'anglais *to drive*, « pousser, conduire ».

Par *flottement,* on désigne un mouvement d'ondulation : *L'impatience provoquait des flottements au sein de la foule qui attendait le passage du pape dans sa « Papamobile »,* ou bien une hésitation, une indécision : *Les sommations entraînèrent un certain flottement parmi les manifestants* ; *le flottement du dollar*.

En biologie, on nomme *flottaison* la singularité, la propriété qu'ont certains organismes vivants de flotter naturellement sur l'eau. Dans le domaine de la marine, la flottaison est l'intersection de la surface externe d'un bâtiment à flot avec le plan horizontal d'une eau à l'état normal (eau tranquille). D'où la fameuse « ligne de flottaison » tracée sur la coque d'un bateau par le niveau de l'eau…

Nous ajouterons la *flottabilité*, n. f., terme qui désigne la capacité, la qualité de ce qui peut flotter, de ce qui est flottable : *la flottabilité de ces radeaux rudimentaires*, et la *flottation* (n. f.), terme s'appliquant à plusieurs procédés permettant de séparer certaines matières poudreuses ou mélanges de particules à partir de leurs différences de densité, en particulier dans un milieu liquide. *Flottation* a été utilisé comme synonyme de *flottage*…

Tout s'imbriquant et s'enrichissant dans la langue française : acceptions, définitions, orthographe, étymologie, les « Timbrés (avec un T majuscule !) de la langue française » doivent savoir :

a) que la locution *à flot* s'écrit au singulier dans *navire(s) à flot* (sens propre) et dans *être remis à flot après une période de difficultés financières* (sens figuré), mais toujours au pluriel quand on exprime une abondance, une grande quantité : *Le champagne coulait à flots au Sénat. La lumière entre à flots dans cette pièce.* Ce pluriel, obligatoire au sens précisé ci-dessus, n'empêche pas d'écrire très correctement, par ailleurs : *Un flot de vin, de lumière, de paroles... ;*

b) que, très logiquement, *flottille*, dérivé de *flotte*, a non seulement deux *l*, mais aussi deux *t ;*

c) que les numéros des flottes navales et des flottes aériennes – l'équivalent pour la marine et l'armée de l'air des armées de terre – se mettent en chiffres romains : la *VII*e *flotte navale*, la *I*re *flotte aérienne.*

149. Hiberner, v. intr., et hiverner, v. intr.

Hiberner, c'est passer l'hiver, voire plus, dans un état d'engourdissement (*les ours, les marmottes hibernent*). Les animaux qui hibernent sont donc en état d'*hibernation.* Ce mot s'applique aussi, sérieusement ou ironiquement, selon les cas, à des personnes plongées dans un ralentissement artificiel de la vie, dans un état prolongé d'attente, d'inactivité... ou à des individus des deux sexes peu portés sur le travail et l'effort !

Hiverner, c'est, pour des animaux, passer à l'abri (étable, écurie, etc.) l'hiver ou une mauvaise saison. Le verbe s'emploie également pour des êtres humains : *Les trappeurs décidèrent d'hiverner à partir de la mi-octobre.* Cette situation s'appelle l'*hivernage.*

Hivernal(e) s'applique à ce qui est propre à l'hiver, ou à ce qui lui ressemble, à ce qui lui appartient : *des températures hivernales*, *des conditions hivernales*, *un froid quasi hivernal* ; *hibernal(e)*, adjectif moins employé, qualifie ce qui a un rapport avec l'hibernation, ou, parfois, ce qui a lieu pendant l'hiver.

Puisque, en 1970, on a retrouvé miraculeusement vivant, alors qu'il a été congelé dans les glaces du pôle Nord pendant… soixante-cinq ans, un nommé Paul Fournier, parti en expédition scientifique en 1905, cette aventure est narrée sous le titre d'*Hibernatus* : le réalisateur du film, Édouard Molinaro, a conservé le titre de la pièce éponyme [1] de Jean-Bernard Luc.

Il s'agit évidemment d'une comédie alerte et désopilante, emmenée par Louis de Funès, Claude Gensac, Bernard Alane, Michael Lonsdale, Claude Piéplu…

150. Houppe, n. f., et huppe, n. f.

Une *houppe* est une touffe de cheveux appelée aussi *toupet*. Tout le monde connaît *Riquet à la houppe*, personnage de conte, notamment dans la version de Charles Perrault : *« Il était une fois une reine qui accoucha d'un fils si laid et si mal fait qu'on douta longtemps s'il avait forme humaine.*

---

1. De nombreux contresens sont commis avec *éponyme*… Cet adjectif qualifie ce qui donne son nom à quelqu'un ou à quelque chose. Athéna est la déesse éponyme d'Athènes ; ce n'est pas la ville qui a donné son nom à la déesse. Ici, c'est le nom de la pièce de théâtre qui a été repris comme titre du film.

Une fée qui se trouva à sa naissance assura qu'il ne laisserait pas d'être aimable, parce qu'il avait beaucoup d'esprit ; elle ajouta même qu'il pourrait, en vertu du don qu'elle venait de lui faire, donner autant d'esprit qu'il en aurait à celle qu'il aimerait le mieux. Tout cela consola un peu la pauvre reine, qui était bien affligée d'avoir mis au monde un si vilain marmot. [...] *J'oubliais de dire qu'il vint au monde avec une petite houppe de cheveux sur la tête, ce qui fit qu'on le nomma Riquet à la houppe, car Riquet était le nom de famille.* »

Curieuse famille royale dont le patronyme serait « Riquet », pas même « de Riquet » ! Qu'en pense Stéphane Bern !?...

Par ailleurs, une *houppe* est une touffe décorative faite de fils.

N. B. : Tous les composés de *houppe* s'écrivent également avec deux *p*.

Une *huppe* est une touffe de plumes sur la tête de certains oiseaux (vanneau, cacatoès, grèbe...) et, par extension, une variété d'oiseau à huppe : la *huppe fasciée*.

L'adjectif *huppé(e),* « riche, de haut rang, haut placé » : *les quartiers huppés*, *la grande bourgeoisie huppée* vient de *huppe.*

151. Idiotie, n. f., et idiotisme, n. m.

Un *idiotisme* est un particularisme (expression, locution, construction syntaxique...) propre à un idiome, à une langue. Les *gallicismes* sont les idiotismes du français parlé en France, les *belgicismes* ceux du français parlé en Belgique, les *canadianismes* ceux du français parlé au Canada, les *helvétismes* ou *romandismes* ceux de la Suisse romande… Par ailleurs, on appelle *germanismes,* par exemple, des emplois de termes ou des constructions de phrase qui *relèvent* de la langue allemande et que l'on retrouve, dans un propos ou dans un texte en français, dans la bouche ou sous la plume d'un scripteur germanophone.

Le mot *idiotisme* a, également, l'acception de « crétinisme » – état pathologique d'un idiot. C'est un autre sens du même mot, par une décomposition sémantique de sa signification, qui a cheminé et évolué dans deux directions. En langage courant, on dit « l'idiotie » pour *l'idiotisme* en ce second sens. Mais *idiotie* a surtout pour signification « bêtise », « sottise », « ânerie » : *dire des idioties…* ce qui, bien évidemment, n'a rien de commun avec *dire des idiotismes !*

N. B. : Alors que, dans *idiotisme*, le groupe *ti* se prononce comme dans *timon* ou *timide,* il n'en va pas de même dans *idiotie*, où le *t* se prononce « ss », comme dans *ineptie* et dans *nation*.

Pour les férus de poésie classico-romantique, on rappellera qu'*idiome* a trois pieds + une syllabe muette (i-di-o-me), *idiotisme* quatre pieds + une syllabe muette (i-di- o-tis[me]), *idiot* trois pieds (i-di-ot : *Bonté de l'idiot ! diamant du charbon !,* V. Hugo, *Légende des siècles,* L III, « Le crapaud), *idiote* trois pieds + une syllabe muette (i-di-ot[e]), *idiotie* quatre pieds + une syllabe muette (i-di-o-ti[e]), cette dernière ne pouvant compter pour un pied et devant soit se lier à la première syllabe du mot suivant (à condition qu'il commence par une voyelle), soit terminer de façon muette un vers féminin.

152. Impotent(e), n. et adj., et ingambe adj.

Attention aux contresens, même avec des mots à la paronymie lointaine, en l'occurrence commençant par le son « in ». Dans *ingambe* (qui vient de l'italien *in gamba*), on n'a pas un préfixe *in-* qui signifierait un contraire ou un manque, une privation, comme dans *insoucieux*, *insincérité*, *invivable*, etc. Louis XVIII, ventripotent et podagre, goutteux, était privé d'un usage continu de ses jambes : il était en partie *impotent*. Est *impotent(e)* celui (celle) qui est privé de l'emploi partiel ou total de ses membres : *une impotente dans une chaise électrique*.

En revanche, une personne *ingambe* est vive, alerte, agile, a les jambes lestes… elle est *in gamba* : « en jambes » !

153. Inanité, n. f., et inanition, n. f.

Ces deux mots viennent du latin *inanis*, « vide ». L'*inanité* était, au sens propre, l'« état de ce qui est vide, le vide d'une chose. Le mot est uniquement employé maintenant au sens figuré de « vanité », d'« inutilité » : *l'inanité de tous nos efforts* ; *l'inanité des choses de ce monde…*

L'*inanition* est la faiblesse, le manque de forces, l'épuisement consécutifs à la privation partielle ou complète de nourriture : *tomber d'inanition*.

À titre de curiosité, nous signalons l'adjectif (bien oublié) *inanitié(e)*, qui qualifiait une personne souffrant d'inanition.

Restons dans la notion de vide avec la paronymie entre *vacuité* et *viduité*… Issu du latin *vacuus*, « vide », le nom féminin *vacuité* désigne l'état de ce qui est… vide : *La vacuité de ce lieu n'augure rien de bon !* Y compris le vide intellectuel, moral, et l'absence de valeur : *Le président du conseil général n'a pas eu le temps de se faire écrire son discours ! Son propos est d'une vacuité absolue !*

Viduité, également nom féminin (du latin *vidua*, « veuve »), est un synonyme de *veuvage*. Le vocable a aussi pour acceptions « abandon, solitude » et « état de celui/celle qui est privé(e) de quelque chose ».

Enfin, *viduité* est accepté par certains comme synonyme de « vacuité », toléré en raison des sens du mot *vide*. D'aucuns font valoir, par exemple, que l'expression « chaises veuves de spectateurs » (au théâtre) équivaut à « chaises vides »… MAIS les bons auteurs condamnent cette utilisation, soutenus notamment par Le Petit Robert, qui indique nettement qu'il s'agit là d'un emploi ABUSIF !

154. Inclinaison, n. f., et inclination, n. f.

L'*inclinaison* est l'état de ce qui est incliné, penché, en oblique, par rapport à un plan, principalement par rapport à l'horizon : *l'inclinaison d'un toit, d'un mur*. L'*inclination*, tant au propre qu'au figuré, est le fait, l'action, de pencher : *Il répondit par une inclination de tête.* Au sens figuré, *inclination* sera synonyme de « penchant », « goût », « tendance », ou « amour » : *Il ressentait une forte inclination pour Élisabeth.* Au pluriel, le mot peut revêtir un sens très défavorable : *avoir de mauvaises inclinations.*

N. B. : Au sens classique, *inclination* désignait, en même temps que le sentiment inspiré par une personne, cette personne elle-même : *« N'auriez-vous point quelque secrète inclination, avec laquelle vous souhaiteriez que votre père vous mariât ? »* (Molière, *L'Amour médecin*, I, III.)

155. Infecter, v. tr. dir., et infester, v. tr. dir.

La bouche et la plume commettent souvent la méprise. *Robert* cite Buffon et La Fontaine parmi ceux qui s'y trompèrent : qui confond les deux verbes est donc en bonne compagnie ! *Infester*, c'est envahir en ravageant, occuper le terrain avec brutalité ; *infecter*, c'est envenimer, contaminer, corrompre par des germes morbides. La confusion ne provient pas uniquement de la ressemblance phonétique des deux verbes, mais encore d'une zone commune où leurs significations se rejoignent ; ainsi, quand notre corps est la proie d'un microbe, il en est, certes, *infesté*, mais il est près d'en être également *infecté*, surtout si monocellulaire, bacille de Koch ou staphylocoque doré, se manifeste par des plaies purulentes !...

N. B. : Il existe aussi quelque paronymie entre *infester* et *investir* ; ce dernier verbe, dans son acception militaire, signifie « encercler au moyen de troupes », et il est certain qu'une armée qui *investit* une place forte ne le fait guère sans *infester* la région qui l'avoisine…

156. Justice, n. f., et justesse, n. f.

La *justesse*, c'est l'exactitude, la rectitude, la précision : *la justesse d'un raisonnement, la justesse d'un tir* ; *interpréter avec justesse le grand air de l'opéra, la justesse d'une balance.*

Il devient amusant, ou paradoxal, de dire que *justesse…* n'est pas un synonyme de *justice* !

157. Luxation, n. f., luxe, n. m., et luxure, n. f.

Le *luxe* est un étalage de richesse, de biens coûteux… Il n'est pas de la même famille que *lucre*, « gain » ; *l'esprit de lucre*, c'est la rapacité, la cupidité… comportement qui peut permettre d'accéder à la richesse, mais la ladrerie des rapaces, des cupides, les empêche de vivre dans le *luxe* ! (*Cf.* l'avare Harpagon, de Molière.)

Vivre dans le *luxe* peut permettre de se plonger dans la débauche, dans la… *luxure*, ce qui peut entraîner, pourquoi pas, des *luxations* !

Résumons :

– un appartement *luxueux* se rapporte à *luxe* : il est richement agencé, aménagé, décoré, meublé ;

– une cheville *luxée* se rapporte à *luxation* : elle est déboîtée ;

– une forêt *luxuriante* se rapporte à *luxuriance* : elle est vivace, touffue ;

– une attitude *luxurieuse* se rapporte à *luxure* : elle est obscène, elle incite à l'érotisme.

Attention au « faux ami » anglais *luxury*, qui signifie « luxe », et non « luxure » !

Homonyme de *luxe*, le *lux* est une unité d'intensité lumineuse.

158. Maturation, n. f., et maturité, n. f.

La *maturation* (d'un être ou d'un fruit) est l'ensemble des transformations, des évolutions, des acquisitions, des expériences, des progrès, qui permettent d'arriver à l'état de… *maturité*. Pour une personne, c'est le fait d'atteindre son plus haut degré d'équilibre, son épanouissement physique et intellectuel, etc. Pour une affaire, c'est le moment de l'expansion, du développement. Quant aux fruits, leur *maturité* signifie qu'ils présentent les meilleures qualités en vue de leur conservation.

159. Médical(e), adj., et médicinal(e), adj.

Deux termes qui ne sont pas des synonymes, mais bel et bien des paronymes aux emplois distincts… *Médical(e)* (pluriel masculin : *médicaux*) qualifie ce qui a trait à la médecine, ce qui a rapport à la médecine : *traitement médical*, *frais médicaux*, *ordonnance médicale*.

Médicinal (pluriel masculin : *médicinaux*) s'applique à ce qui présente des propriétés curatives, à ce qui cause ou favorise la guérison : *des plantes médicinales* ; *les vertus médicinales de certaines plantes* ; *des préparations médicinales…*

160. Méritant(e), adj., et méritoire, adj.

Le premier de ces adjectifs est employé pour les personnes… qui ont du mérite : *une mère de famille très méritante, des ouvriers méritants. Les plus méritants seront invités à la Comédie-Française.*

Méritoire, lui, se dit de choses (action, œuvre, ouvrage…) qu'il convient de louer, parce qu'elles sont remarquables par le mérite de leur auteur : *des gestes méritoires, des efforts méritoires, une patience ô combien méritoire.*

161. Mettre à jour, loc., et mettre au jour, loc.

La paronymie ne concerne pas que des mots simples ou composés, mais aussi des locutions. Voisines par la forme, *mettre à jour* et *mettre au jour* sont allègrement confondues alors que leurs significations ne sont pas du tout synonymes.

Mettre à jour, c'est tenir en ordre, actualiser en tenant compte des nouvelles données, des nouveaux résultats de recherches scientifiques, de nouvelles découvertes… : *mettre à jour sa correspondance, ses comptes, ses dossiers…*

Mettre au jour, c'est faire apparaître à la lumière, que ce soit des vestiges archéologiques à la suite de fouilles ou bien des pratiques frauduleuses, des malversations (que seuls les truands, les escrocs, peuvent *mettre à jour,* c'est-à-dire améliorer, développer, *mettre à jour* face aux progrès des systèmes de sécurité, face aux progrès de la police). On *met au jour*, on divulgue, on révèle, un complot, des menées factieuses…

Mettre au jour, c'est, encore, donner naissance : *Clémence a mis au jour des jumeaux.* Cette mère de famille n'a pas « mis à jour » ses enfants ! Sauf dans l'hypothèse d'enfants, d'ados mal dans leur peau, inadaptés, déphasés par rapport à leurs copains/ copines (… rares, sans doute, alors !), et qu'il fallait ramener à leur époque, « caler » dans leur temps… Voire à qui il convenait peut-être d'inculquer un minimum de savoir-vivre et de citoyenneté… Cette acception relève alors du langage familier, populaire.

Naturellement, on vit *au grand jour,* et non « à grand jour », c'est-à-dire sans se cacher, en menant une vie normale, en pleine lumière.

162. Mirmillon, n. m., et myrmidon, n. m.

Dans l'Antiquité romaine, le *mirmillon* (et non « mirmillion ») était un gladiateur armé d'un bouclier, d'un casque et d'une épée, et que, généralement, on opposait, dans l'arène, à un *rétiaire*. Comme son nom l'indique, ce dernier disposait d'un filet – un rets – destiné à envelopper l'adversaire, d'un trident et d'un poignard.

Avec parfois la variante *mirmidon*, *myrmidon* est un nom commun désignant un homme de taille (ou d'importance) médiocre ; un individu chétif, insignifiant… On en a fait un synonyme de « nain », de « pygmée ».

C'est le nom d'un peuple de la Thessalie, et, bien évidemment, dans cette acception, il faut mettre une majuscule : les *Myrmidons* ou *Mirmidons*. *« Je leur donne le nom de Myrmidons, par lequel je perpétue le souvenir de leur origine »* (Ovide,

Les Métamorphoses, VII, 654). *Myrmidon* vient du grec *Murmidones*, via le latin *Myrmidones*, et l'on associe le nom à l'étymon *murmêx*, « fourmi ».

163. Moussant(e), adj., mousseux, n. m., mousseux(-euse), adj., et moussu(e), adj.

Moussant(e) qualifie notamment un produit de toilette qui mousse, qui fait des bulles ou des flocons sous l'action d'un liquide : *crème moussante* ; *un savon très moussant.*

Mousseux(euse) s'applique surtout à certains vins : *l'asti est un vin mousseux.* – Comme substantif, *mousseux* désigne un vin mousseux autre que le champagne : *Pour le « pot » des départs en retraite, on a prévu des jus de fruits et du mousseux.*

Les marches moussues d'un vieil escalier de pierre : *moussu(e)* qualifie ce qui est couvert de mousse – cette petite plante qui s'accroche au sol, aux pierres, à l'aide de poils – ou, au moins, ce qui comporte de la mousse.

164. Néphrite, n. f., névrite, n. f.

Ces deux paronymes désignent des maladies différentes. La *néphrite* concerne le rein (du grec *nephros*, « rein ») ; la *névrite* a rapport aux nerfs (du grec *neuron*, « nerf »).

Par *néphrite* (toujours féminin), on désigne aussi deux sortes de silicates, dont l'un est un jade et l'autre une amphibole dite également « pierre de foudre ».

165. Notable, adj. et n., et notoire, adj.

Ce qui est *notable* est digne d'être noté, d'être signalé ; est *notable* ce qui est renommé, fameux, célèbre, respectable… Les gens notables de la ville sont devenus, par abréviation, *les notables*.

Notoire ne devrait s'appliquer qu'à des choses – avec le sens de « connu de tous », « qui est reconnu ». Un ingénieur *notable* était, donc, une personne digne de respect. Mais, si ses travaux étaient méconnus du grand public, son œuvre ne pouvait donc pas être *notoire* !

Aujourd'hui, *notoire* a pris la signification de « bien connu, reconnu, su », etc., et peut qualifier des personnes. Très souvent, le mot revêt un sens péjoratif : *un alcoolique notoire*, *un déséquilibré notoire*, avec la valeur de « grand ».

Les gens *notables,* les *notables,* sont également désignés par le nom féminin *notabilités* : *Les notabilités du canton étaient là !* Un terme qu'il ne faut pas confondre avec *notoriété* : dire « les notoriétés de la ville présidaient la fête » est une grossière erreur. En revanche, on parle *de la notoriété d'un artiste, de la notoriété d'une ville :* de leur renommée, de leur célébrité, de leur médiatisation valorisante…

166. Ocularíste, n., oculiste, n. et adj., et opticien(ne), n.

Un(e) *oculist*e est un(e) ophtalmologue (ou ophtalmologiste), c'est-à-dire un médecin qui traite les maladies des yeux. Il ne faut pas confondre avec un(e) *opticien*, nom du commerçant qui fabrique et – ou – qui vend des lunettes et des instruments d'optique.

Un(e) *oculariste* est une personne qui fabrique des prothèses oculaires, tels des yeux artificiels.

Il convient de noter l'unique *c* d'*oculaire* (n. et adj.), *oculariste*, *oculiste*… et *oculus*, autre nom pour un œil-de-bœuf. Le pluriel ordinaire d'*oculus* est… *oculus,* alors qu'*oculi*, pluriel latin, est ressenti de nos jours comme très pédant. *Oculi* a comme homographe un autre *oculi*, nom masculin singulier désignant le troisième dimanche de carême.

N. B. : *œil-de-bœuf*, comme tous les mots composés avec *œil* dotés de traits d'union, est un terme masculin prenant le pluriel à *œil* exclusivement par un *s* final : *des œils-de-bœuf.* Il en va de même pour *œil-de-chat*/*œils-de-chat*, *œil-de-paon*/*œils-de-paon*, *œil-de-serpent*/*œils-de-serpent*, *œil-de-tigre*/*œils-de-tigre*, etc.

167. Officiel(le), adj., officiel, n. m., et officieux(euse), adj.

Officiel(le) qualifie ce qui est ordonné ou couvert par les autorités gouvernementales (*C'est officiel, le cahier de change a été supprimé !* ; *le décret a paru au* Journal officiel *de la République française*).

En tant que substantif, *officiel*, nom masculin, s'applique à un personnage revêtu d'une autorité légale : *Les officiels prirent place à la tribune*.

Par *officieux(-ieuse)*, on désigne, on qualifie, ce qui, bien que ne jouissant pas d'une garantie officielle, vient d'une source suffisamment sérieuse pour être jugé probant et authentique : *selon l'offi-*

cieux Al Ahram… ; *se fonder sur des informations officieuses.*

168. Ombragé(e), adj., ombrageux(-euse), adj., ombré(e), adj., et ombreux (-euse), adj.

Un endroit *ombragé* est protégé du soleil par des feuillages, en principe : *un sentier ombragé, une route ombragée, une véranda ombragée, une maison ombragée…*

Ombrageux se dit d'un animal (le cheval, par exemple) craintif, qui prend peur sans raison véritable, qui a peur… de son ombre ! Par extension, l'adjectif qualifie une personne soupçonneuse, qui se vexe pour peu de chose, notamment par jalousie ou susceptibilité : *le Premier ministre était d'un naturel ombrageux. Un esprit ombrageux.*

Ombreux est surtout du langage littéraire, au sens de « qui fait beaucoup d'ombre, qui donne de l'ombre » : *une forêt ombreuse, une vallée ombreuse. Les noyers sont très ombreux*. Plus rarement, *ombreux* a l'acception de « couvert d'ombre » : *les sentiers ombreux de ces bois.* – On ne qualifie pas d'« ombreuse » une personne qui fait de l'ombre à autrui !

Ombré appartient au domaine artistique : un dessin *ombré* est un dessin dont l'auteur a bien marqué les ombres. Par extension, l'adjectif peut être utilisé pour qualifier des choses : *La mariée avait les paupières par trop ombrées de khôl.*

169. Oppresser, v. tr., et opprimer, v. tr. dir./réprimander, v. tr., et réprimer, v. tr.

Au sens propre, *oppresser* quelqu'un, c'est lui faire ressentir un accablement, une compression, le sentiment de suffoquer et d'étouffer : *La chaleur nous oppressait.* Au sens figuré, c'est un sentiment qui donne l'impression d'étouffer, d'étreindre quelqu'un : *La terreur l'oppressait, l'immobilisant, plaquée contre le mur.* Curieusement, *oppresser* eut autrefois le sens actuel d'*opprimer*, c'est-à-dire « accabler sous un joug autoritaire, tyrannique ». D'ailleurs, le substantif *oppression* désigne aussi bien l'impression d'étouffement que la tyrannie (ou l'état même de ceux qui sont soumis à cette autorité excessive et violente) : *Les tribus asservies se soulevèrent unanimes contre ceux qui, depuis trop longtemps, les opprimaient.*

La grand-mère a réprimé son petit-fils, qui trichait lors des parties de petits chevaux. Ulcérée d'être battue malhonnêtement par le gamin, qui l'arnaquait quant au nombre de cases parcourues par les chevaux, l'aïeule l'a… *réprimandé* ! Elle l'a « morigéné », « chapitré », « grondé », « sermonné », « admonesté », « attrapé »… d'autres équivalents sont possibles, de niveaux variés : « gourmander », « tancer », « disputer », « incendier », « eng… uirlander », etc.

Réprimer a pour principales acceptions « empêcher de se manifester, de se produire, de se développer » : *réprimer une émeute, l'insurrection des factieux a été réprimée dans le sang…* Et aussi « contenir », « retenir », « réfréner », « refouler » : *réprimer des bâillements d'ennui ; réprimer des sanglots, réprimer un fou rire subit. On ne peut pas toujours réprimer ses instincts ! » plaidait l'accusé.*

170. Passager(-ère), adj., et passant(e), adj.

Passager(-ère) s'applique à ce qui ne fait que passer, à ce qui est éphémère (en texto, phonétiquement : FMR !) : *un mal de tête passager, un succès passager* ; *la jeunesse est passagère...* ; *ce n'est qu'un client passager* (qui est de passage).

Adjectif, *passant(e)* qualifie une artère (rue, avenue, boulevard...) où il passe beaucoup de monde, beaucoup de véhicules : *une rue très passante* ; *une avenue des plus passantes*.

Un *passant*, (une *passante*) est celui (celle) qui passe sur la voie publique (*les passants se faisaient rares, à cette heure tardive*). Un *passager* (une *passagère*) est celui (celle) qui a pris passage à bord d'un navire, d'un autobus, d'un avion, etc. *Les passagers du car ont souffert de la chaleur*. Pour le train, on dit *voyageur* et non « passager »... mais cela va peut-être évoluer maintenant que le « personnel de bord » des TGV, TER et compagnie – les contrôleurs – se présente au micro à la façon des pilotes et des hôtesses de l'air !

171. Patricien, n. m., et praticien, n. m.

Un *lapsus linguae* transforme assez souvent un *praticien* en *patricien*, alors que le second terme, de nos jours, appartient surtout à la langue littéraire, universitaire... À Rome, un *patricien* était un citoyen issu d'une famille ancienne. Par extension, le mot désigna, au Moyen Âge, un membre de la haute bourgeoisie. D'une façon générale, le terme est également entendu au sens de « noble ». Aujourd'hui, les écrivains emploient le vocable au sujet d'une personne appartenant à la noblesse ancienne, fortunée ou désargentée, et ayant le port et le comportement censés caractériser cette caste sociale.

Praticien (féminin *praticienne*) est surtout utilisé pour parler d'un médecin (spécialiste ou généraliste), d'un chirurgien, ou de tout autre professionnel de la santé qui exerce son métier et donne des soins. Le terme appartient à la langue de bon niveau, châtiée, mais les confrères journalistes y ont recours aussi pour éviter de trop employer *médecin* et *docteur* dans un article.

Le mot a d'autres acceptions : 1° personne éminente dans son art ou dans sa profession ; 2° sans jugement de valeur sur les individus, personne qui pratique concrètement une activité, un métier (s'oppose, en cette signification, à *chercheur*, *théoricien*) ; 3° dans le domaine de la sculpture, personne qui prépare le travail d'un artiste, en dégrossissant – d'après le modèle – le bloc de bois, de pierre, de marbre… Tous les sculpteurs ne font pas appel à cette aide préparatoire !

172. Percepteur, n. m., et précepteur, n. m.

Dans de nombreux romans, notamment du XIXe siècle, on note la présence, chez des familles nobles ou de la haute bourgeoisie, d'un *précepteur*, c'est-à-dire d'un homme – souvent jeune – dispensant son enseignement aux enfants de la famille. C'est cette dernière, évidemment, qui rétribue, plus ou moins généreusement, cet enseignant à domicile. Celui-ci peut être logé sur place.

L'intrigue desdits romans repose assez souvent sur les rapports amoureux entre le précepteur et la maîtresse de maison, entre le précepteur et l'adolescente de la maison qui est son élève…

Le *percepteur, a priori* personnage moins avenant, est un fonctionnaire dont le rôle est de recouvrer les impôts, directs, entre autres. Quelques films des dernières décennies, généralement d'aimables comédies, ont pour argument les rapports entre un percepteur (ou une perceptrice) et un contribuable de sexe opposé.

173. Péremption, n. f., et préemption, n. f.

La *péremption* est une prescription qui intervient lorsqu'un certain délai s'est écoulé sans qu'un nouvel acte soit intervenu. Les actes d'une procédure sont alors annulés, anéantis. On parle de *péremption d'un droit* quand celui-ci ne peut plus être exercé du fait que le délai limite fixé est dépassé.

Le terme est surtout connu du grand public via l'expression *date de péremption*, désignant la date au-delà de laquelle des produits – notamment des aliments et des médicaments – ne doivent plus être consommés, ne doivent plus être utilisés.

La paronymie entre *péremption d'un droit* et *droit de préemption* entraîne assez souvent des confusions entre les deux locutions. La *préemption* réside dans la faculté que détient une administration (l'État, une commune, un conseil général…), ou encore une personne, d'acquérir – de préférence à toute autre – un bien qui a été mis en vente. Cela aux prix et conditions fixés lors de cette mise en vente.

174. Perpétrer, v. tr. dir., et perpétuer, v. tr. dir.

Perpétrer – verbe synonyme de « commettre », « accomplir » (un attentat, un assassinat…) – ne doit pas être confondu (pourtant l'erreur est relevée presque tous les jours dans les médias, en presse) avec son paronyme *perpétuer,* qui veut dire « faire durer », « maintenir » (une tradition, un usage, une coutume).

Les nouveaux diplômés de cette école supérieure tiennent à perpétuer les traditions de l'établissement (= à maintenir, à assurer la survivance desdites traditions). *Dépositaires de ces valeurs ancestrales, nous souhaitons qu'à votre tour vous perpétuiez auprès des apprentis les règles fondamentales* (= vous transmettiez).

175. Politicien, n. m. (rare au féminin), et politique, n. m.

Parmi les nombreuses lettres que j'ai reçues[1] en tant que chef du service de la correction du

1. Entre les lettres sur papier et les courriels, cela représente environ sept mille questions (dont un certain nombre redondantes), portant surtout sur la langue française. Sauf oubli, il fut répondu à toutes.

journal *Le Monde*, puis rédacteur, responsable de la qualité linguistique de l'ensemble des journaux du groupe, une portait sur l'emploi de *politicien* : *« Je m'interroge sur l'usage abusif dans* Le Monde *du mot "politicien" en lieu et place de "personnalité politique" ou "homme politique", soit d'un anglicisme répandu dans la presse française. Je ne vous apprends pas, en effet, que* politician, *en anglais, n'est pas l'équivalent de "politicien" en français, qui a une connotation péjorative* [...]. »

Ce correspondant a absolument raison : *politician* n'a pas l'acception péjorative de « politicien ». Cela dit, l'auteur de l'article pouvait fort bien avoir choisi en connaissance de cause « politicien » plutôt que « homme politique » ou, par raccourci, « politique ».

Moins caricatural et péjoratif que *politicard(e)*, *politicien,* en tant que substantif, désigne de façon critique un homme politique démagogue, un élu qui « se sert » plutôt qu'il ne sert la collectivité... Toujours comme nom, le féminin *politicienne* est plus rare, mais licite : *La secrétaire générale de ce parti est une politicienne chevronnée, rompue aux débats de l'Hémicycle. L'Assemblée nationale, heureusement, n'abrite pas que des politiciens profiteurs de la République...*

Politicien(-enne) s'emploie comme adjectif connoté péjorativement : *des manœuvres politiciennes, un discours politicien...*

Si l'on ne veut pas donner un ton péjoratif, il faut dire et écrire : *les politiques*, *les hommes politiques*, *les femmes politiques*...

Le *politicien* se fait notamment remarquer par sa démagogie, par ses propos *populistes* flattant l'opinion publique. Ces propos peuvent toucher les *« masses populaires »*, comme disait le premier secrétaire d'un parti de gauche qui vivait dans une commune *populeuse*.

Un artiste *populaire* jouit d'une grande... popularité au sein de la population. Les quartiers *populaires* sont habités par le peuple (ouvriers, employés, petits cadres...). Si la population y est dense, très nombreuse, ces quartiers seront, aussi, *populeux*.

176. Prééminence, n. f., et proéminence, n. f.

Par *prééminence*, on désigne la supériorité de quelqu'un ou de quelque chose : *la prééminence de l'économique sur le social. Les invités pénétrèrent dans les salons d'honneur par ordre de prééminence*.

Une *proéminence* consiste en l'état d'une chose, d'un organe, d'un lieu, qui dépasse ce qui l'entoure, qui forme un relief... : *le nez de Cyrano de Bergerac, protubérant, forme une proéminence* ; *la proéminence d'une mâchoire*...

Humour : *« Précédé de son nez, Cyrano pénétra dans l'auberge... »*

177. Près de, loc. prép., et prêt à, loc. adj.

La locution prépositionnelle *près de* et la locution adjectivale *prêt(e) à* sont la source de multiples grossières erreurs de français. Il n'est pas de jour où plus d'un journal ne paraisse[1] avec la bévue *« le parti est prêt de désigner son candidat à la présidentielle[2] »*, pas de jour où, dans les médias audiovisuels, y compris – hélas – dans les propos de journalistes censés être cultivés, censés être des professionnels de l'expression parlée, on n'entende l'hybride « prêt(s) de » !

Pour la énième fois, en espérant contribuer à l'éradication de ces bourdes à répétition, nous rappellerons qu'il existe exclusivement *près de*, locution prépositionnelle invariable, et *prêt à*, locution adjectivale qui s'accorde au féminin et au pluriel : *les équipes sont prêtes à entrer sur le terrain* ; *la ministre est prête à s'exprimer* ; *les coureurs sont prêts à partir...*

---

1. Avec *plus d'un(e)*, le verbe s'accorde au singulier. Cet illogisme est dû au fait que l'on garde à l'oreille le singulier *un(e)* : *plus d'un manifestant portait un masque* ; *plus d'une chanson d'avant-guerre avait un thème mélodramatique.* Les linguistes et grammairiens ratifient deux exceptions, où le verbe doit s'accorder au pluriel : 1° quand *plus d'un(e)* est répété (*plus d'un cadre, plus d'un employé, plus d'un ouvrier étaient en grève*) ; 2° lorsqu'il y a réciprocité (*plus d'une cliente s'arrachaient les soldes* ; *plus d'un fripon se dupent l'un l'autre*).

2. Il faut dire et écrire *« l'élection présidentielle »*, et non « les élections présidentielles », puisqu'il n'y a qu'un poste à pourvoir, qu'un président de la République !

Au-delà de la grave confusion orthographique existe une confusion paronymique de sens. *Près de* signifie « sur le point de », comme dans : *le feu est près de s'éteindre* ; *ces conflits ne sont pas près de cesser !*

Prêt à correspond à « être disposé à », « être en état de » : *nous sommes prêts à nous impliquer dans le débat* ; *elle est prête à reconnaître ses torts* ; *l'avion est prêt à décoller* ; *les commandes sont prêtes pour la livraison...*

178. Prescription, n. f., et proscription, n. f.

Prescription a plusieurs significations : 1° ordre exprès et détaillé : *Les prescriptions du Premier ministre sont demeurées lettre morte à cause de la force d'inertie de hauts fonctionnaires* ; 2° recommandation faite par un médecin : *Ce somnifère n'est délivré que sur prescription médicale* ; 3° annulation d'une décision judiciaire au bout d'un certain temps : *Il y a prescription : il peut revenir habiter en région parisienne* ; au sens élargi, pardon, effacement, oubli... : *Ces conflits dignes de Clochemerle sont oubliés : il y a prescription, vingt ans après !*

Au sens propre, la *proscription* est un bannissement, l'éloignement d'un individu par mesure officielle : *Chez les Grecs antiques, l'ostracisme était une proscription d'une durée de dix ans.* Au figuré, la *proscription* est une exclusion, une éviction, une expulsion, un interdit : *La proscription des peintres figuratifs de cette exposition est tout à fait arbitraire.*

179. Prodige, n. et adj., et prodigue, n. et adj.

Le fils *prodigue* dont parle l'Écriture (Luc, XV, 11-32) n'a rien de commun avec l'enfant *prodige* que fut Mozart. Quoique…

L'exploit accompli par l'aviateur français Henri Guillaumet (1902-1940), parvenant à survivre à un crash dans les Andes, en 1930, tient du prodige[1], quasiment du miracle. Ce fut un événement, un fait exceptionnel, extraordinaire, incroyable : on peut imaginer ce que Mme de Sévigné aurait pu écrire à sa fille, Mme de Grignan, pour lui narrer ce fait divers hors du commun !

Le *prodigue* est une personne qui, au contraire du thésauriseur, à l'opposé de la fourmi précautionneuse chère (?) à La Fontaine, dépense sans compter. C'est un panier percé dont la… prodigalité est le défaut principal.

Saint Luc a donc évoqué le « fils prodigue » : un enfant, un adolescent, qui quitte sa famille après avoir exigé de son père la part de fortune qui lui revenait. Ayant tout dépensé dans l'inconduite, il

---

1. Le 13 juin 1930, Guillaumet, un des pionniers de l'Aéropostale, s'écrase dans les Andes avec son Potez 25, alors qu'il en est à sa 92e traversée de ces montagnes d'Amérique du Sud. Sans aucun équipement de survie, à l'énergie, il marche pendant cinq jours et quatre nuits, franchissant plusieurs cols dans des conditions climatiques extrêmes. Il parviendra à tomber sur un village et sera sauvé. Guillaumet dira à Saint-Exupéry, venu le chercher : « Ce que j'ai fait, je te le jure, jamais aucune bête ne l'aurait fait. » Cette formule est à jamais inscrite parmi les mots historiques les plus célèbres…

revient, marri, penaud, repentant, au sein de ses proches, après une longue absence… Il y est accueilli à bras ouverts par son père, qui lui pardonne[1] et fait tuer le veau gras pour célébrer son retour. Par référence à cet épisode des textes sacrés, la locution *enfant prodigue* est employée couramment à propos de celui ou celle qui, ayant délaissé la maison familiale, ayant abandonné l'association où il/elle militait, s'étant éloigné du parti politique dont il était depuis longtemps adhérent, réintègre le milieu qu'il avait abandonné…

180. Prolifique, adj., et prolixe, adj.

On qualifie de *prolifique* ce qui se multiplie en peu de temps : *Cette race de rongeurs est extraordinairement prolifique.*

Prolixe signifie « qui est trop long dans ses discours ou ses écrits » : *Cet écrivain est pittoresque mais trop prolixe* ; « qui est trop bavard, trop verbeux » : *Achille Talon est un personnage très prolixe, verbigérateur… qui entraîne des phylactères*[2] *de grande taille dans chacun des dessins de l'album.* L'adjectif qualifie les discours eux-mêmes, les écrits : *une description trop prolixe.*

---

1. Certains préfèrent donner à cette parabole dite du « fils prodigue » le nom de « parabole du père miséricordieux ».

2. Bulles de BD.

181. Prolongation, n. f., et prolongement, n. m.

Les deux équipes étant à égalité à la fin du temps réglementaire, nous eûmes droit à la prolongation, sous forme de deux quarts d'heure supplémentaires. Chacun aura compris que le mot *prolongation* désigne un allongement dans le temps. *Prolongement* ne s'applique qu'à un allongement dans l'espace : *Le prolongement de l'avenue Victor-Hugo se révèle nécessaire.*

Au pluriel, *prolongement* a le sens de « conséquences » : *Les prolongements de l'affaire du collier de la reine furent considérables !*

182. Prosterné(e), adj., et prostré(e), adj.

Ces deux adjectifs ont la même origine (le latin *prosternere*), mais n'ont plus le même sens.

En signe de respect, d'adoration, d'aucuns se livreront à la *prosternation* (ou au *prosternement*), c'est-à-dire se courberont jusqu'à terre : *se prosterner devant l'autel de l'église* ; *être prosterné devant le roi...*

Des personnes en état de *prostration* sont figées, sans réaction, abattues physiquement et psychiquement par la maladie, par les malheurs, par la douleur, par le chagrin... : *Son mari ayant succombé brutalement à un infarctus, la jeune veuve se tenait prostrée dans le salon.*

183. Publiciste, n., et publicitaire, n. et adj.

Publiciste est un synonyme vieilli de *journaliste*. Parfois, le terme a été utilisé avec une connotation péjorative, une nuance sarcastique.

Aujourd'hui, on entend par *publiciste* un spécialiste du droit public, quelqu'un qui écrit sur le droit public. Par opposition avec *privatiste*, spécialiste du droit privé.

Un *publicitaire* travaille dans la publicité, s'occupe de publicité. *Publicitaire* est une abréviation pour *agent publicitaire.* David [Mackenzie] Ogilvy, un des pères de la publicité moderne (1911-1999), fondateur de l'agence Ogilvy & Mather en 1948, est l'auteur d'un ouvrage de référence : *Les Confessions d'un publicitaire* (1963), dont la lecture est toujours recommandée dans le milieu des affaires.

184. Pulvérulent, adj., et purulent, adj.

Un liquide *purulent* contient du pus, une infection *purulente* en produit… Ce n'est pas bien ragoûtant, certes, mais que penser de *narines pulvérulentes* ?…

Eh bien (et non « et bien », comme on le voit trop souvent !), ces narines, elles ne sont pas à rattacher au pus, ni à la pestilence, mais à la… poussière (latin *pulvis*). Des narines *pulvérulentes* présentent des poils chargés de poussière. Pouah !

Pulvérulent(e) désigne ce qui est à l'état de poussière, de poudre très fine, ou qui peut être réduit en menues parcelles : *de la chaux pulvérulente.* Et aussi, par extension, ce qui est couvert de poussière ou de poudre.

185. Quadragénaire, n. et adj., et quarantenaire, n. et adj.

Une *quadragénaire* est une personne âgée d'au moins quarante ans, mais qui n'a pas encore atteint cinquante ans. L'abréviation familière *un(e) quadra* s'accorde en nombre : *ces quadras sont les chevau-légers du parti.*

On prononce ou bien « quoi » ou bien « ka »…

Adjectif, *quarantenaire* (prononcer « ka ») s'applique à ce qui dure, a duré, quarante ans : *une prescription quarantenaire, une garantie quarantenaire…* Par ailleurs, il qualifie ce qui concerne une quarantaine sanitaire (à l'origine, un isolement de précaution d'une durée de quarante jours) : *affections quarantenaires.* Substantivé, le terme est parfois encore employé, dans le contexte médical, pour désigner une personne soumise à une quarantaine sanitaire, voire le lieu assigné pour une mise en quarantaine.

De même que l'on célèbre le cinquantenaire, le cinquantième anniversaire de quelque chose, on peut célébrer *le quarantenaire* d'un événement, d'un traité, d'une loi, etc.

On ne doit pas dire « un(e) quarantenaire » pour désigner un(e) quadragénaire !

186. Rabattre, v. tr. dir., et rebattre, v. tr. dir.

« Qui sont donc ces prétendues, et surtout soi-disant, "élites" dont les journalistes nous rabattent les oreilles depuis trop longtemps ? »

Ce courriel envoyé à la rédaction d'un quotidien national interroge celle-ci quant à l'exactitude de l'emploi du mot *élites*, utilisé abusivement au sujet des privilégiés de la fortune et des « réseaux » oligarchiques qui bloquent la société. Par ailleurs, l'auteur confond *rabattre* et *rebattre* ! (Il n'est pas le seul…)

Certes, l'image est plaisante, et l'on imagine les auditeurs des chaînes de radio et de télé transformés en cockers à force d'entendre à l'excès les mêmes formules. Si les banalités insistantes, si les mièvreries et mensonges du politiquement correct, avaient pour effet de « rabattre » les oreilles des auditeurs, il y aurait au moins ceci de bon que les victimes, le conduit auditif masqué par le pavillon, cesseraient de les entendre.

Mais non, ce qui se passe est beaucoup moins spectaculaire. Quand on vous accable sous des slogans, des sentences, des affirmations péremptoires, des demandes, etc., mille fois répétés, on vous REBAT les oreilles, c'est-à-dire qu'on les frappe à coups redoublés.

En revanche, oui, le vent *rabat* la fumée (fait retomber), et l'on *rabat* le col de son manteau (on le replie) ; le commerçant *rabat* sur ses prix (il les diminue en retranchant une certaine somme), alors que sa vendeuse *rabat* le caquet d'un bellâtre prétentieux…

187. Recouvrer, v. tr. dir., et recouvrir, v. tr. dir.

Les symptômes de Mme G. C. diminuèrent rapidement d'intensité, et elle recouvrit rapidement la vue. Nous sommes personnellement RAVI de la fin heureuse de ce cas médical, mais nous sommes moins enthousiaste à l'égard de ce malencontreux « recouvrit »… Cette personne ne recouvrit rien du tout ! La vue, elle la RECOUVRA. Car il s'agit du verbe *recouvrer*, qui est du 1er groupe, et qui vient tout droit du latin *recuperare.* La définition de *recouvrer* est la suivante : « rentrer en possession de ce qu'on avait perdu ». Ce verbe signifie aussi « percevoir » : *recouvrer les impôts.*

Quant au verbe *recouvrir*, il est du 3e groupe : *il recouvrit sa maison, dont le vent avait emporté une cinquantaine de tuiles ; elle avait recouvert sa table d'une belle nappe brodée.* Évidemment, une table, à la rigueur, peut être *recouvrée* si on vous l'a volée, pourvu que la police l'ait *retrouvée* après avoir débusqué le cambrioleur-receleur !

La vision perdue d'un œil ne saurait être « recouverte » (l'œil, lui, a pu être recouvert par la cataracte) ; elle ne peut être que recouvrée.

N. B. : Au présent et à l'imparfait de l'indicatif, ainsi qu'au présent du subjonctif, les deux verbes ont la même conjugaison ; ils ont le même participe présent, *recouvrant*, mais non le même participe passé : *recouvré*, *recouvert…* Ces similitudes et la paronymie sont à l'origine des nombreuses confusions relevées çà et là…

188. Renoncement, n. m., et renonciation, n. f.

Un *renoncement* est un sacrifice volontaire de ses intérêts, dicté par de nobles raisons : *un beau renoncement aux avantages de sa situation : les « profiteurs de la République » devraient bien s'en inspirer !* C'est aussi le détachement à l'égard des biens et des honneurs : *le renoncement aux choses de ce monde*.

Au sens matériel, la *renonciation* est le fait de… renoncer : *sa renonciation à l'héritage de ses aïeuls*. Parfois, au sens moral, *renonciation* recoupe *renoncement* : *sa renonciation à toute notoriété*. Ces deux paronymes peuvent donc être, partiellement, synonymes…

En gros, on est sûr de ne pas faire d'erreur en employant *renoncement* au sens moral et *renonciation* au sens matériel ; mais les deux acceptions sont quelquefois tangentes.

189. Résigner, v. tr. dir. et pronom., et résilier, v. tr. dir.

Il a décidé de résigner sa fonction d'administrateur du centre culturel municipal : cette personne a abandonné son poste, l'activité où elle jouait un rôle. – Ne pas oublier l'accent aigu, sinon cela aboutirait au quasi-homographe *resigner*, « signer à nouveau » !

On voit et l'on entend beaucoup plus souvent ce verbe sous sa forme pronominale, *se résigner* (cesser de résister, accepter de guerre lasse) : *elle s'est résignée à mettre fin à sa carrière d'athlète de haut niveau*.

Résilier, c'est annuler, en parlant d'un engagement qu'on avait pris : *J'ai résilié mon contrat avec cette compagnie d'assurances*.

Pour résumer : on *résilie* un contrat, un bail, un traité, mais on *résigne,* une fonction, un emploi, une charge.

190. Rétraction, n. f., et rétractation, n. f.

« Les journaux proches du pouvoir avaient déjà préparé le terrain à une rétraction de la ministre [...]. *»* Qu'est-ce qu'une *rétraction* ? Les dictionnaires usuels le révèlent sans la moindre ambiguïté : c'est une diminution de longueur ou de volume d'un tissu, d'un matériau (le béton, par exemple, en train de « prendre » ; un métal, en se refroidissant...), ou d'un organe. On parle de la *rétraction* du ciment quand il sèche, de celle des poils de barbe sous le rasoir. La ministre en question, en difficulté à la suite de bévues importantes, se serait-elle ainsi contractée, telle une « compression » du sculpteur César, se serait-elle ainsi ratatinée ?

En fait, revenant sur des propos maladroits, voire plus, la ministre contrainte d'aller à résipiscence, avait accompli une *rétractation* ; elle n'était pas *contractée*, mais s'était *rétractée* (peut-être était-elle, alors, contractée !).

Voilà comment l'ablation d'une syllabe dans un mot peut donner à une phrase un sens inattendu et désopilant. La confusion a évidemment pour cause le double sens du verbe *se rétracter* : 1° « revenir sur un propos qu'on a tenu, afin de le démentir ou de le corriger » ; 2° « rétrécir », « raccourcir », « se resserrer ». Tout cela vient de très loin. Il existait en latin un verbe *trahere* signifiant « tirer ». Ce verbe avait un dérivé nominal *tractio*, « action de tirer », et un fréquentatif (= qui marque la répétition, la fréquence de l'action) *tractare*, qui a donné *traiter*, et qui signifiait « tirer en tous sens », « manipuler », et, avec une valeur abstraite, « traiter une question ».

Il existait aussi un verbe *retrahere* signifiant « tirer en arrière », dont le dérivé nominal *retractio* voulait dire « recul ». Le verbe *tractare* avait pour sa part un composé *retractare* voulant dire « remanier », « retraiter une question ». Le dérivé nominal de ce dernier était *retractatio*, avec le sens de « retraitement d'une question », et, particulièrement, « nouveau traitement exprimant, par rapport au premier, une opinion contraire ».

Rétraction et *rétractation* ont assez bien conservé le sens de leurs modèles latins *retractio* et *retractatio*. *Se rétracter*, pronominal, a également maintenu le sens de *retractare.* Malheureusement, si le français a emprunté le nom *retractio*, dont il a fait *rétraction*, il n'a pas emprunté le verbe correspondant. Quand on a eu besoin d'un verbe pour exprimer cette notion de resserrement, de recul, on s'est servi du verbe *se rétracter,* déjà présent en français, qui s'est ainsi trouvé doté d'un second sens tout à fait différent du premier.

191. Séculaire, adj., et séculier(-ière), adj. [parfois n. m.]

Séculaire a plusieurs acceptions : 1° qui dure depuis un ou plusieurs siècles : *ce sont là des coutumes séculaires* ; 2° qui revient, qui se produit, à peu près tous les cent ans : *le retour de ce curieux phénomène est quasiment séculaire* ; 3° qui a cent ans d'âge : *un chêne séculaire* (mais on dit aussi : *un chêne centenaire*), mais cela ne se dit pas pour une personne : le fameux Agecanonix dû à René Goscinny et à Albert Uderzo n'est pas un vieillard « séculaire », mais un quasi-centenaire !

Séculier(-ière) a également plusieurs significations : 1° laïc (en opposition à *ecclésiastique*) : *les autorités séculières, le bras séculier* [= le pouvoir temporel, la justice civile] ; 2° non astreint à la règle – d'un ordre religieux : *le Père X... appartient au clergé séculier* : il est « dans le siècle, dans la ville » (les religieux vivant dans des monastères, des abbayes, etc., forment le clergé *régulier* : assujetti à des règles).

On peut employer le mot substantivement : *un séculier* (personne appartenant au clergé séculier). Mais personne ne dit un « régulier » !

192. Servante, n. f., et serveuse, n. f.

Servante sert de féminin à *serviteur*. Le chanteur Ricet Barrier a obtenu, dans les années 1960, un bon succès avec sa *Servante du château* : *« C'est moi la servante du château,/J'remplis les vases et j'vide les sieaux. »*

Le terme s'emploie surtout dans un contexte historique : *les servantes de l'auberge s'empressaient auprès des gentilshommes* ; *des servantes en robe noire et tablier blanc maintenaient l'ordre et la propreté de cette maison bourgeoise* ; *les servantes de Dieu...* Aujourd'hui, on dit généralement « employée de maison » ou « femme de chambre ».

Une *serveuse* est une employée de café, de restaurant, de brasserie, de cafétéria, de cantine, de salon de thé...

L'orthotypographie, dans sa précision et sa finesse, marque la différence de statut social. Cela peut choquer, sans doute, de nos jours, mais la règle est de mettre une majuscule aux mots *monsieur*, *madame* et *mademoiselle* quand, dans un roman ou autre texte littéraire, une employée de maison, une servante, s'adresse à ses employeurs, ou à des invités : *« À quelle heure Madame pense-t-elle rentrer ? » « Est-ce que Mademoiselle souhaite du thé ? » « Que Monsieur daigne entrer ! »*

En revanche, il n'y a pas lieu de traduire une telle distance entre une *serveuse* (un garçon) de restaurant et les clients : *« Et pour monsieur, qu'est-ce que ce sera ?… »*

193. Somptuaire, adj., et somptueux(-euse), adj.

Le mauvais emploi de l'adjectif *somptuaire* par les journalistes figure dans tous les bêtisiers rédigés grâce aux médias ! !

En effet, c'est un pléonasme à éviter absolument que celui qui consiste à dire « des dépenses somptuaires ». Cette formule signifie littéralement : « dépenses qui se rapportent aux dépenses ».

Somptuaire ne peut figurer que dans *lois somptuaires* : les lois qui fixent les dépenses d'un État. (On évitera un autre pléonasme en s'abstenant d'écrire : « qui fixent les dépenses maximales ». Il va de soi que ces lois sont adoptées afin de déterminer des plafonds à ne pas dépasser…)

À défaut de pouvoir être somptuaires, les dépenses peuvent être qualifiées d'excessives, inconsidérées, abusives, exagérées… ou, plus diplomatiquement, de « dépenses de prestige ».

Somptueux(-euse) équivaut à « luxueux, magnifique et très coûteux » (*le somptueux mariage du prince héritier*).

194. Stalactite, n. f., et stalagmite, n. f.

Une *stalactite* est une concrétion pendante formée à la voûte d'une grotte par le dépôt calcaire de l'eau qui suinte : *les merveilleuses stalactites de l'aven Armand.*

Une *stalagmite* (avec un *g*, cette fois) est une concrétion en forme de pilier élevée à partir du sol d'une grotte par le dépôt calcaire de l'eau qui tombe de la voûte et des stalactites : *les stalagmites de la grotte de Han, en Belgique.*

Moyen mnémonique : la *stalac(T)ite* tombe tandis que la *stalag(M)ite* monte !

195. Subordination, n. f., et subornation, n. f.

Combien de fois a-t-on lu, a-t-on entendu, *« inculpé de subordination de témoin »* !?... Naturellement, il s'agit de SUBORNATION de témoin.

Rappelons alors le sens, très différent, de ces deux mots : la *subornation* est l'incitation à agir contre la loi, puisque cela consiste à déterminer une ou des personnes à déposer en justice d'une façon contraire à la vérité (la subornation de témoins est passible des mêmes peines que le faux témoignage).

Anciennement, et souvent en littérature, *suborner* a signifié « séduire une jeune fille, une femme », ou, plus généralement, « corrompre », « détourner du droit chemin, du devoir »… Le suborneur était donc un vil séducteur !

La *subordination* est une dépendance, une situation d'inférieur par rapport à une autre ou à d'autres personnes dans une hiérarchie établie : *les subordonnés sont terrorisés par ce chef acariâtre.*

N. B. : Les [propositions] *subordonnées* sont des propositions qui sont dans une position de dépendance syntaxique par rapport à une autre proposition, dite *principale*, et qui ne pourraient former sans cette principale une phrase complète, du point de vue grammatical et formel.

196. Tendresse, n. f., et tendreté, n. f.

Dans *Le Boucher*, remarquable film de Claude Chabrol, Jean Yanne, le boucher Popaul, éprouve de la *tendresse*, et même plus, pour mademoiselle Hélène, l'institutrice, interprétée par Stéphane Audran. Pour lui manifester d'ailleurs ses sentiments, il lui offre, en guise de fleurs, un… gigot, dont il doit garantir la *tendreté* !

La tendresse est, par ailleurs, chantée – et vantée – par Daniel Guichard dans un de ses « tubes » :

La Tendresse
C'est quelquefois ne plus s'aimer mais être heureux
De se trouver à nouveau deux
C'est refaire pour quelques instants un monde en bleu
Avec le cœur au bord des yeux
La tendresse, la tendresse, la tendresse,

La tendresse.
La tendresse
C'est quand on peut se pardonner sans réfléchir
Sans un regret sans rien se dire
C'est quand on veut se séparer sans se maudire
Sans rien casser, sans rien détruire
La tendresse, la tendresse, la tendresse,
La tendresse.
La tendresse
C'est un geste, un mot, un sourire quand on oublie
Que tous les deux on a grandi
C'est quand je veux te dire je t'aime et que j'oublie
Qu'un jour ou l'autre l'amour finit
La tendresse, la tendresse, la tendresse,
La tendresse.
La tendresse, la tendresse, la tendresse,
La tendresse.
{parlé} *Allez viens.*

Résumons : la *tendresse*, mélange d'amour, d'amitié et de respect, se manifeste par la délicatesse dans les gestes et dans les propos. La *tendreté* est la qualité d'une matière tendre, notamment de la viande.

197. Urbanisation, n. f., urbanisme, n. m., et urbanité, n. f.

L'*urbanisation* consiste en la transformation d'une région rurale en zone urbaine : *l'urbanisation des banlieues*, alors que l'*urbanisme* est l'art de construire des villes, la technique de la construction urbaine : *une agence d'urbanisme, un plan d'urbanisme.*

L'*urbanité* est une belle qualité, faite de courtoisie et de bienveillance ; le mot est à peu près synonyme de « civilité, politesse, bonnes manières » : *être reçu avec urbanité.*

L'adjectif *urbain(e)* a désigné, dans l'Antiquité, ce qui était de Rome (*Urbs* : Rome), puis a pris le sens plus général de « qui est de la ville, qui est propre à la ville », par opposition à *rural(e)*, à *paysan(ne)*. D'où le sens second de « policé, poli, courtois, qui fait preuve d'urbanité » : *un homme très urbain*. Le prénom *Urbain,* normalement, aurait dû influencer favorablement tous ceux auxquels il était donné ! Quant aux ruraux, même moins instruits que les gens des villes, on ne voit pas pourquoi ils auraient été incapables de se montrer urbains : *populations rurales urbaines* n'est pas un oxymore !

Une acception nouvelle pour *urbain(e)* est apparue dans la dernière décennie, liée à la culture hip-hop (*le slam est une poésie urbaine*).

Un mot-valise a été créé du fait de l'urbanisation galopante de zones rurales jouxtant les banlieues des grandes villes : *rurbain(e).* Ces ex-zones rurales deviennent à leur tour de nouvelles banlieues de plus en plus éloignées des centres-ville. Les rurbains travaillent en ville (par exemple à Paris), mais choisissent… ou, surtout, sont contraints d'habiter dans des communes rurbaines.

Second mot-valise inventé : *rurbanisation*, nom féminin désignant cette urbanisation à rallonge(s).

198. Véhiculaire, adj., vernaculaire, adj.

L'adjectif *véhiculaire* qualifie une langue que parlent en commun des peuples aux langues maternelles différentes et qui sert donc de moyen de communication entre eux.

Le paronyme *vernaculaire* signifie tout le contraire : une langue *vernaculaire* est une langue indigène, celle des autochtones d'un pays.

199. Vénéneux(-euse), adj., et venimeux(-euse), adj.

Vénéneux(-euse) se dit surtout, au sens propre, de certains végétaux qui contiennent un poison, une substance toxique, et qui sont donc dangereux à consommer. De nombreux champignons sont *vénéneux*. La chair de certains poissons est elle aussi *vénéneuse*.

Au sens figuré, *vénéneux* qualifie ce qui présente un danger pour la santé morale des personnes, ce qui est pernicieux : *des écrits vénéneux poussant à un extrémisme dangereux* ; *une doctrine vénéneuse distillant des principes irrationnels*... Ou bien qualifie – d'après l'idée que l'on se fait de leur aspect – des choses dangereuses, malsaines : *la vénéneuse obscurité de ces sous-bois déserts*.

Venimeux se dit, au sens propre, d'animaux qui sécrètent du venin : serpents, scorpions, araignées... Au sens figuré, l'adjectif qualifie des propos perfides : *Ces commères ont la langue venimeuse. Les jaloux rivalisaient en insinuations venimeuses, en propos venimeux.*

Par extension, l'adjectif s'applique aux personnes qui usent de paroles perfides, qui pratiquent la diffamation ou la calomnie, qui cherchent à nuire : *des politiciens venimeux, des critiques littéraires venimeux, des collègues venimeux...*

En toute rigueur, selon les puristes, *venimeux(-euse)* ne peut s'appliquer qu'à des propos, à des paroles ; bref, à ce qui sort de la bouche : *des attaques venimeuses, des discours venimeux.* Ils tolèrent l'extension aux personnes méchantes, aux comportements haineux : *une virago à la langue venimeuse.* Mais ils refusent l'association de l'adjectif à toute chose autre que des propos, que la langue... Ainsi rejettent-ils « regards venimeux », « coups d'œil venimeux », etc. Un certain nombre de grammairiens et linguistes se montrent, aujourd'hui, moins sévères, à l'image de beaucoup d'écrivains et journalistes : *un éditorial venimeux, des chroniques venimeuses* ; *des œillades venimeuses...*

200. Vigie, n. f., vigile, n. f., et vigile, n. m.

Quoique désignant un marin, un matelot, *vigie* est un mot féminin. Le terme (venu du portugais *vigia*) désigne, sur un bateau, le marin qui est de veille, en un endroit élevé, telle une hune entre autres. Moins usitée est l'acception de guetteur (marin le plus souvent, mais aussi douanier, militaire, garde national...) chargé sur la côte, dans un phare, de surveiller le large.

Tombée en désuétude, une autre signification qui faisait de *vigie* un haut-fond ou un écueil à fleur d'eau… ou la balise qui le signale.

Attention : ne pas écrire « Vigie pirate » le nom du dispositif français de sécurité mis en place pour prévenir des menées terroristes dans l'Hexagone. L'orthographe précise est : *plan Vigipirate*.

Le substantif féminin *vigile* désigne la veille d'une fête religieuse catholique importante : *la vigile de Noël, la vigile pascale.* C'est aussi le nom de l'office célébré, ces jours-là, de matines à none.

Attention aux contresens avec l'acception de ce mot en français du Canada : *organiser une vigile pour le désarmement général. Vigile* désigne ici une action non violente, et même dans le recueillement, en faveur d'une cause.

Vigile, nom masculin (du latin *vigil*, « éveillé »), a désigné un garde de nuit faisant partie de la police mise en place, à Rome, par Auguste, et placée sous le commandement d'un *préfet des vigiles.*

Vigile, plus près de nous, a pris le sens général de « veilleur de nuit », puis de « membre d'un organisme de sécurité, d'une société de surveillance » (centres commerciaux, grands magasins, banques, grandes sociétés…).

100 FORMULES (MAGIQUES) À RETENIR

SORTIR AVEC OU SANS CHAPEAU

Parmi les fautes d'orthographe les plus couramment commises figurent celles portant sur les accents, en particulier à propos du « chapeau » : l'accent circonflexe.

Cet accent circonflexe remplace très souvent une lettre qui a disparu, notamment un *s*. Un premier « truc » utile consiste donc à regarder si, dans une même famille de mots, certains termes n'auraient pas conservé ce *s* d'autrefois. Si oui, il y a fort à parier que dans les autres mots le *s* supprimé a été remplacé par un accent circonflexe sur la voyelle qui précédait cette consonne…

Le vocabulaire usuel, courant, comprend *hospice, hospitalier, hospitalisation, hospitaliser, hospitalité, hospitalo-universitaire, hostellerie…* Alors, *hôpital* et *hôte(-sse), hôtellerie* ont un accent circonflexe sur le *o*.

201. « Le chapeau du *psychiatre* a roulé dans l'âtre ! »

Il faut se faire une raison : la représentation caricaturale des médecins de Molière, avec un immense chapeau noir pointu, ne correspond en rien à l'orthographe des termes terminés en *-iatre* désignant des professionnels de la médecine. Du *psychiatre* au *pédiatre*, de l'*hippiatre*[1] au *gériatre*, AUCUN ne sort en chapeau ! Et cela vaut également pour les suffixes *-iatrie* et *-iatrique* : *gériatrie, psychiatrique*...

La formulette donnée en titre est donc à retenir absolument... L'accent circonflexe sur le *a* d'*âtre* est dû à... la disparition du *s* de l'étymon latin *astracum*, d'après le grec *ostrakon*, « coquille », puis « morceau de brique ».

202. « Donnez-moi mon *dû* dans mon chapeau ! »

Le participe passé de *devoir* n'a d'accent circonflexe qu'au masculin singulier : c'est seulement dans ce cas qu'il est utile de marquer une différence orthographique avec un autre mot de la langue française, l'article *du*. Sinon il y aurait homographie, ce qui est généralement fâcheux.

Donc, accent pour *dû*, participe passé *(j'ai dû aller à Lille)*, adjectif *(le loyer dû)* ou nom *(régler son dû)*. En revanche : *la somme due, les hommages dus, les mensualités dues.*

Moyen mnémonique : *« Le participe passé de* devoir *n'a d'accent circonflexe que lorsqu'il s'écrit en deux lettres. »*

---

1. L'élément *hipp-* donne la clé pour comprendre la signification du mot : un(e) *hippiatre* est un(e) vétérinaire spécialiste des chevaux. En cas d'urgence, peut-être cette personne accepterait-elle de soigner un humain présentant une fièvre de cheval !?

203. « Le *fantôme* ne se découvre jamais devant la muette ! »

« La muette » en question n'est pas celle de Portici, rendue célèbre par l'opéra du Français François-Esprit Auber, mais la syllabe muette finale du mot *fantôme*. Certes, la formule la plus ludique, pour garder en mémoire que ce dernier mot a un « chapeau », un accent circonflexe, c'est de se dire qu'*« un fantôme n'est jamais nu-tête »*, que cet esprit farceur et effrayant se dissimule toujours, selon la tradition, sous un drap, sous un suaire blanc…

Au-delà, une seconde « ficelle » – exprimée par notre titre – met en lumière une quasi-constante du français : devant une syllabe muette, un *a*, un *i*, un *o* sont souvent affublés du « chapeau », alors qu'il n'en est pas de même s'il n'y a pas de syllabe finale muette :

– *fantôme*, mais : *fantomal, fantomatique*…

– *arôme,* mais : *aromate, aromatique, aromatisation, aromatiser*…

– *cône*, mais : *conicité, conifère, conique*…

Ce qu'il faut mémoriser au coup par coup par *« Le cuisinier met toujours l'accent sur l'arôme, sur les parfums »* et par *« Le cône a toujours un sommet pointu, un chapeau pointu ».*

Il convient en effet de ne pas généraliser l'histoire de notre fantôme ne se découvrant jamais, car un certain nombre de voyelles précédant une syllabe finale muette n'ont pas d'accent circonflexe (*cotre, gnome, zone*…), ou bien conservent ce « chapeau » même devant des syllabes non muettes (*câblage, câble, câblé(e), câbleau, câblerie, câblier, câblogramme, câblot, crâne, crânement, crânerie, crâneur, crânien...*).

204. « L'accent de *cime* est tombé dans l'*abîme* ! »

Bien qu'étant au sommet, pointu, d'un arbre ou d'une montagne, une *cime* n'a pas de chapeau sous forme d'accent circonflexe. Allez savoir pourquoi !... Sans doute, tout simplement, parce que rien n'a jamais justifié la présence de cet accent : *cime* vient du latin *cyma,* « pousse », d'après le grec *kuma,* « qui est gonflé ».

En revanche, issu du latin chrétien *abyssus*, déformé en *abismus, abîme* comporte un accent circonflexe apparu à la disparition du *s* médian, là encore. Un accent circonflexe qu'on retrouve dans *abîmé(e)* et *abîmer*...

À noter la graphie *abyme,* sans accent sur le *y*, qui est, de loin, la plus usitée dans l'expression *mise en abyme*, usuelle en héraldique, en littérature, en art (peinture), au cinéma... pour décrire le fait d'insérer un petit écu à l'intérieur d'un grand, un récit à l'intérieur du récit principal, dont il reprend la forme et l'argument ; une même peinture dans une autre peinture ; etc. Une célèbre fromagerie, qui a pour emblème un ruminant hilare, illustre, par la grâce du fameux dessinateur et caricaturiste français Benjamin Rabier, ce système de la mise en abyme...

Le jour où l'on met en place la partie la plus élevée d'un édifice que l'on achève est un jour de fête (comme dirait Jacques Tati[1]), mais aussi un jour de… *faîte*. Ce synonyme de *cime,* de *sommet,* de *pinacle,* s'écrit avec un accent circonflexe… et vous avez sans doute, ou peut-être, deviné pourquoi. Eh oui ! Un *s* a disparu, qui figurait dans l'étymon *fest, feste,* du latin *fastigium*…

Et l'accent circonflexe figure également dans *faîtage, faîteau* et *faîtière.* « On ne grimpe pas sur le faîte sans chapeau, car il y fait frais ! »

205. « Le *pêcheur* se protège du soleil par un chapeau pointu. »

L'amateur de sport halieutique (en langage plus simple : de pêche) se retrouve souvent en plein soleil pendant des heures. Alors, il est des plus normal de le voir coiffé d'un canotier, d'un bob, d'un chapeau de gendarme en papier-journal… Bref, d'une coiffure le prémunissant contre les insolations.

Le pécheur, lui, se cache pour commettre ses écarts plus ou moins critiquables, ses fautes plus ou moins véniellles… Nul besoin de chapeau qui attirerait l'attention alors qu'on a décidé de se laisser aller discrètement à quelque… péché capital ou non.

Mais, comme chacun d'entre nous est faillible, nous dirons benoîtement qu'« il ne faut pas faire porter le chapeau au pécheur » !

1. Cf. *Jour de fête*, premier long-métrage de Jacques Tati.

206. « Quelle *pâtée*, ces *appâts* ! »

Pour attirer des animaux afin de les attraper, on use d'*appâts,* c'est-à-dire de *pâture*, de nourritures diverses. Cela pour allécher, amorcer, et faire venir les proies potentielles vers un piège, vers un hameçon ; ou bien directement, sur ou dans le piège. *Appâts* vient d'*appâter,* issu d'*appaster,* « nourrir, engraisser » [particulièrement les oiseaux]. Une fois de plus, l'accent circonflexe correspond à la disparition d'un *s*, et il figure donc dans *pâte, pâtée, pâteux(se)*…

Ce qu'on appelle *amorce*, à la pêche à la ligne, est une pâtée lancée à la volée et qui doit, dès le contact de l'eau, se décomposer afin de se répandre sur une grande surface pour capter l'attention d'un maximum de poissons. *Pâtée/appâts* : l'accent circonflexe du second de ces termes est parfaitement justifié !

Bien que venant également d'*appâter, appas* – homonyme d'*appâts* – n'en est pas un homographe ! Ce doublet est réservé à la désignation des avantages physiques, les charmes visibles d'une femme…

207. « On ôte son chapeau pour *déjeuner,* mais on le garde pour observer le *jeûne.* »

Il n'y a pas d'accent circonflexe dans *déjeuner, petit(-)déjeuner,* ni dans *être à jeun.* En revanche, quand *eu* est suivi d'une consonne + *e* muet, le « chapeau » est présent : « un jeûne de huit jours ».

Nous recommandons fermement à nos confrères de la radio et de la télévision de bien prononcer différemment *jeune* et *jeûne* ! Comment certains d'entre eux ne se rendent-ils pas compte des énormités, grotesques ou gênantes, qu'ils profèrent parfois en prononçant « jeune » pour *jeûne*[1] !…

208. « Le teint *jaunâtre* de ce *bellâtre* tire sur l'*olivâtre* ! »

Le suffixe *-âtre,* ajouté pour former des noms *(bellâtre)* ou des adjectifs *(douceâtre, rougeâtre, verdâtre…),* comporte un accent circonflexe reflétant la disparition d'un *s* (*astrum,* puis *-astre*, d'où *-âtre*).

209. « On *dîne* en habit, avec un chapeau, pour manger des *huîtres.* »

Le *dîner* rassemblera peut-être la sœur *aînée* et le frère *puîné* dans un *gîte* de la *presqu'île*… Dans tous ces mots, comme dans *huître*, le *i* est surmonté d'un accent circonflexe représentant le plus souvent la disparition d'un *s (puis né, uistre…).*

Autres mots comportant un *î* à l'intérieur des termes : *abîme, dîme, épître.* Pour *Francilien(ne)/ francilien(ne)*, gentilé (ethnonyme) correspondant à *Île-de-France*, la graphie sans accent circonflexe s'est imposée…

---

1. La désinvolture, ou le défaut, de prononciation donne des quiproquos rigolos : abusé par la prononciation défectueuse d'un écrivain, un de nos amis, avant d'être détrompé par un tiers plus mélomane, a cru que Schumann avait composé une symphonie « Reine Anne ». Bien entendu, il s'agissait de la *Symphonie rhénane.*

N.B. : dans certains pays, le *dîner* désigne le repas de midi, alors que le repas du soir est appelé *souper.* Cet usage, qui en France est obsolète, est observé en Belgique et au Canada.

210. « Le bon *apôtre* a toujours un accent très *enjôleur* ! »

Accent circonflexe dans les mots *enjôleur* et *apôtre*. Cet accent sur un *o* revient souvent quand ledit *o* précède une syllabe muette finale, nous l'avons vu avec *fantôme* (mais pas *fantomatique*), *arôme* (mais pas *aromate*), *cône* (mais pas *conique*)... Même constat avec *geôle*... qui est de la même famille qu'*enjôleur* en dépit des graphies divergentes en *g* et en *j*.

Hôte(sse), icône (mais pas *iconographie*), *môle, monôme, pôle* (mais pas *polaire*), *pylône, rôle, symptôme* (mais pas *symptomatique*), *tôle,* entre autres, confirment cette récurrence très fréquente.

211. « À son *âge*, il met encore la main à la *pâte* dans de nombreuses *tâches* ! »

L'accent circonflexe permet de distinguer des termes qui, sinon, seraient totalement homographes et homophones. À un *âge* avancé, le personnage dont il est question vient en aide (il met donc la main *à la pâte,* et non « à la patte » du lapin ou du chien) à des parents ou à des collègues, et cela pour des travaux (des *tâches*) divers. Non pour faire des *taches* sur la moquette !

212. « Les organisateurs de la *fête champêtre* ont mis l'accent sur le *baptême* des *crêpes* ! »

L'accent circonflexe est mis, en effet, sur le *e* de *fête*, de *champêtre*, de *baptême* et de *crêpe*, précédant une syllabe finale muette. Et l'on retrouve cela dans *arête, bêche, bête, carême, chêne, conquête, enquête, extrême, fenêtre, frêle, grêle, guêpe, hêtre, honnête, pêche, rêve, revêche, salpêtre, trêve*... entre autres !

213. « Il a le verbe haut, avec son accent ! Il veut toujours *paraître* ! »

Les verbes dont l'infinitif se termine en *aitre* ou en *oitre* ont un accent circonflexe sur le *i*, et aussi dans les formes conjuguées lorsque, de la même façon, ce *i* précède un *t* : *naître, paraître, apparaître, disparaître, connaître... ; il naît, il disparaîtra, elle apparaît, il connaît... ; croître, décroître... ; ils accroîtront, elle croîtra, le soleil décroît...*

Sinon, dans tous les autres cas, il n'y a pas cet accent circonflexe : *elle naquit, ils disparaissent, tu connais, ils croissent...*

Par ailleurs, il y a un accent circonflexe sur le *i* et sur le *e* des formes conjuguées de *croître* quand ces formes, sinon, pourraient être homographes de celles de *croire*. On évite ainsi les confusions, les quiproquos... : *Cet arbre croît rapidement* ; *les eaux de la rivière crûrent, enflèrent, en une matinée* ; *avec les pluies continues, ces plantes ont crû anormalement ; elle croit toujours au Père*

Noël !; *ils crurent à une explosion*; *ses parents ont cru ses balivernes...*

Les participes passés de *croître* et de *recroître,* comme celui de *devoir* – et pour la même raison : se distinguer d'homonymes potentiellement homographes – prennent un accent circonflexe au masculin singulier : *crû* et *recrû*. On ne les confond pas, ainsi, avec *cru,* participe passé de *croire*, ou avec l'adjectif *recru*, « fatigué » (attention : « recru de fatigue » est un pléonasme à éviter !).

N.B. : il en va de même pour le participe passé de *mouvoir* ; celui-ci ne prend un accent circonflexe qu'au masculin singulier *(mû),* pour devancer toute confusion avec la lettre grecque *mu*.

214. « Nous *passâmes* d'excellentes vacances bien qu'il *fît* souvent un temps pluvieux ! »

Inutile de se creuser la tête pour rien ! Inutile de se demander si l'on a affaire à un verbe du deuxième ou du troisième groupe, etc. ! TOUS LES VERBES ont un accent circonflexe :

– aux première et deuxième personnes du pluriel du passé simple *(nous chantâmes, vous pleurâtes, nous vînmes, vous fûtes, nous connûmes, vous fîtes).*

– à la troisième personne du singulier de l'imparfait du subjonctif *(qu'il aimât, qu'elle finît, qu'il sût).*

Curiosité : le verbe *haïr* comporte un tréma... La présence de ce signe rend impossible l'observation rigoureuse des désinences verbales aux première et deuxième personnes du pluriel du passé simple de l'indicatif ainsi qu'à la troisième personne du singulier de l'imparfait du subjonctif ! On se contente donc d'écrire : *nous haïmes, vous haïtes* et *qu'il (elle) haït,* alors qu'il eût fallu coiffer le tréma d'un bel accent circonflexe, en toute rigueur !

215. « Vous *vîntes* à la chasse avec la *châsse* ?... C'est exceptionnel ! »

Il est exceptionnel, en effet, de trouver, en français, un accent circonflexe devant deux consonnes, comme dans certaines formes conjuguées *(nous vînmes, vous tîntes...)* ou dans les mots *châsse* (coffre), *châssis, enchâssement, enchâsser.*

« C'EST GRAVE OU C'EST AIGU ? »

L'accent aigu ne se place, en français, que sur la voyelle *e* (*é*), et lui confère ce que l'on appelle un son « fermé ». L'accent grave, en français, se met sur les voyelles *a*, *e* et *u* (uniquement pour l'adverbe *où*) ; placé sur un *e*, il confère à cette lettre un son « ouvert ».

Le son fermé peut être exprimé aussi par *ed* (*pied*), *er* (*chanter*), *et* (*et*), *ez* (*nez*), *æ* (*æpyornis)* et parfois *œ* (*œnologue*). Aussi par la terminaison *-ai* du passé simple (je *fermai* les yeux) et du futur simple (je *viendrai*).

Le son ouvert est exprimé également par plusieurs graphies : *ai* (*délai*), *ais* (*relais*), *ait* (*lait*), *ay* (*Aymara*), *ess* (*essence*), *ey* (*eyra*), etc. Sans oublier les désinences verbales *-ais*, *-ait*, *-aient*...

Si les deux accents ne se confondent pas, en revanche les mots *grave* et *aigu* peuvent être synonymes : une grave crise équivaut à une crise aiguë !

216. « C'est définitif : au futur et au conditionnel, on garde l'accent de l'infinitif ! »

Les formes conjuguées du futur et du conditionnel qui contiennent l'infinitif d'un verbe conservent l'accentuation *(é)* de cet infinitif : *céder* : *il cédera, elles céderont* ; *accélérer* : *tu accéléreras, vous accélérerez.*

217. « Pour entrer à l'X (= Polytechnique), il faut perdre son accent… »

Aucun accent ne doit précéder un *x* : celui-ci équivaut à deux consonnes *gz* (dans *exactitude*) ou *ks* (dans *convexe*) ! Alors, du *sexe* au *latex,* pas d'accent aigu ou grave !

218. « Même à titre d'*essai*, jamais d'accent devant une consonne double ! »

Essai en fait la démonstration : on ne met pas d'accent sur le *e* précédant une consonne double. Pas besoin *d'erratum,* donc, si l'on a écrit *ecchymose, tendresse, mademoiselle, belladone, effacer,* etc.

219. « Jamais d'accent aigu sur le nez du boucher ! »

On ne met jamais d'accent aigu quand un *e* précède une consonne qui ne se prononce pas en fin de syllabe : *nez, boucher, pied, clef, les…*

220. « Le *é* est toujours premier de cordée, sauf devant les muettes, devant une consonne double, et devant l'*ermite et* l'*espadon* de l'*ethnologue* ! »

On met toujours un accent aigu sur le *e* qui est l'initiale d'un mot : *épine, éperlan, épingle, étranger, épithète, élever, étalon, écrevisse, état, éradiquer, Étienne, écriture, évanoui*... SAUF devant une syllabe muette finale (*ère*), devant les consonnes doubles *(effet, essai, erreur, ellébore),* devant un *r* ou un *s* précédant eux-mêmes une ou plusieurs consonnes : *ermite, ergonomie, ersatz, espadon, Espagne, escrime* (trois consonnes derrière le *e*), *espérance*... Le *e* n'est pas accentué non plus devant des blocs de trois consonnes dont la première n'est ni un *r* ni un *s* : *ethnologue,* par exemple.

221. « Le *é* clôture le *marché,* et termine la *soirée.* »

En « neutralisant » les *e* muets ainsi que le *s* du pluriel, c'est toujours un *é* (accent aigu) que l'on trouve en fin de mot, avec un son fermé : *pitié, liberté(s), égalité, acheté(s), pâtée, cuillerée, péché, pré(s), amitié, acné rosacée* (l'exemple permet de noter qu'*acné* est un mot féminin...), *Pygmée, idée(s), lycée*...

222. « Les *excès* du *progrès*, c'est grave ! »

C'est toujours un accent grave que l'on trouve en avant-dernière position devant le *s* final (autre qu'un *s* du pluriel) d'un certain nombre de mots dont la terminaison se prononce à son ouvert

-*ais* : *abcès, congrès, cyprès, décès, excès, exprès* (adverbe), *grès, près, procès, progrès, succès, très,* où le *s* est muet ; et, avec prononciation du *s* : *aloès, cacatoès, exprès* (adjectif), *florès, herpès, palmarès, pataquès, profès, xérès...*

Idem pour la préposition *ès,* qui, obtenue par la contraction de *en* et de *les,* ne peut évidemment précéder qu'un mot au pluriel : *docteur ès sciences, agir ès qualités, licencié ès lettres, un spécialiste ès estampes japonaises...* D'où la formule mnémonique : « *ès* n'aime que les mots en *s* » (voire en *x*, naturellement : *un expert ès chevaux*).

N.B. : il n'y a jamais de trait d'union entre *ès* et le mot qui suit.

« DES JUMELLES OU NON ? »

Consonne simple, consonnes doubles ?... Que d'hésitations, que de doutes à ce sujet ! Et même à très mauvais escient, si l'on en juge à partir du nombre d'erreurs – illogiques – sur le substantif *illettrisme* ! Pourtant un terme où il ne devrait y avoir aucune bévue : deux *t* figurent dans *lettre*, et il est normal que le préfixe *in-* se mue en *il-* devant un vocable commençant par un *l* (cf. *innombrable* : *in-* + *nombrable*).

223. « Je m'*aperçois* qu'il n'y a qu'un *p* à *apercevoir.* »

Ou bien : « J'aperçois un Apache ! »... Nous avons préféré opter pour le nom propre – donc avec majuscule – désignant un Amérindien (naguère, on aurait dit « Peau-Rouge »), plutôt que pour le nom commun *apache*, « voyou, truand, malfaiteur ». Comme le nom commun est issu du nom propre, on peut juger de l'opinion des Français du début du XXe siècle sur les Indiens d'Amérique… Il est vrai que les Apaches s'étaient fait remarquer par leur férocité et leurs ruses (ainsi que leur courage). Un seul *p* à *Apache* : un seul *p* à *apercevoir*…

Si l'on aime le miel, la gelée royale et le pollen, on peut préférer mémoriser le *p* solitaire d'*apercevoir* par : « J'aperçois un apiculteur ! » La série *apicole* (adj.), *apiculteur(-rice)* (n.), *apiculture* (n. f.) s'écrit en effet avec un *p* (du latin *apis*, « abeille »).

À l'image d'*apercevoir*, quelques mots commencent par le digramme *ap-* : *apaiser, apitoyer, aplanir, aplatir, apostropher, aposter, apurer.*

Précision utile, peut-être : *aposter* est un verbe transitif direct ayant l'acception de « placer, installer quelqu'un à un poste afin de surveiller, de guetter, ou en vue de commettre un mauvais coup ». Plusieurs formulettes sont possibles afin de retenir l'orthographe, à savoir le *p* unique :

– « L'apiculteur tentait d'apitoyer l'apache. »

– « L'Apache apostrophait l'apiculteur. »

– « L'apiculteur doit apurer ses comptes ! »

– « L'apiculteur voulait apaiser les Apaches, en les apitoyant. »

– « Les Apaches ont aposté des guetteurs, qui s'apostrophent par-delà les terrains aplanis… »

– « Les Apaches s'apostrophaient violemment, menaçant d'aplatir leurs ennemis intimes ! »

224. « L'*addition* n'est pas *adéquate* ! » ou : « C'est Dédé qui règle l'addition ! »

Le montant de l'*addition* ne convient pas aux convives, et, telle Muriel Robin dans un de ses sketchs les plus désopilants, on n'arrive pas à établir quel est l'écot dû par chacun. En tout cas, déjà, *addition* n'est pas *adéquation* : le premier terme s'écrit avec deux *d* contre un seul au second vocable. *Addition* n'a guère qu'*addenda, addiction* et *adduction*[1] (« mouvement qui rapproche un membre du plan sagittal [vertical] du corps) comme compagnons de route : tous les autres mots commençant par *ad* n'ont qu'un seul *d* (*adage, adagio, adaptation, adhésif, adepte, adjectif, adjoint, adjuger, admettre, adolescence*, etc.).

On peut préférer retenir que c'est « Dédé » [DD] qui paiera l'addition !

225. « *Agglutiner* des populations au sein d'*agglomérations* démesurées *aggrave* les déséquilibres au sein de notre pays ! »

Peu de mots commencent par le trigramme *agg* : la quasi-totalité des termes en *ag(g)* n'ont qu'un *g* : *agacer, agneau, agrafe, agrégé, agriculture, agripper, aguerrir*…

Agg uniquement dans *aggiornamento*, terme italien désignant, au sens étendu, une mise à jour, une adaptation à l'évolution du monde contempo-

1. Et les mots des mêmes familles : *additif(-ve), additionne(le), additionner, adducteur*…

rain (attention à une erreur fréquente, qui consiste à dire et à écrire « aggiornamiento » !) et dans tous les mots de la famille d'*agglomérer*, d'*agglutiner* et d'*aggraver*.

226. « Des bébés uniquement chez l'*abbé*, l'*abbesse*, les *bossus*, le *rabbin*... et chez les *gibbons* ! »

La consonne *b* est rarement doublée, en français, que ce soit en préfixe ou bien à l'intérieur des mots. Le digramme *bb*, en effet, ne se voit que dans *abbaye, abbé, abbesse, abbatial(e), gibbon, rabbin, rabbinat, rabbinique, rabbinisme*, et les termes issus du latin *gibbosus*, de *gibbus*, « bosse » : *gibbeux(-se), gibbosité*, auxquels on ajoutera l'hormone végétale *gibbérelline*, dénomination venue de l'anglais, d'après le latin scientifique *gibberella*, « champignon ascomycète ».

227. « Hier, j'ai vu le *joaillier*, le *marguillier* et le *quincaillier*... mais pas l'*écailler* ! »

Phonétiquement, *hier* peut être découpé en *i-e-r* (de même que *t-i-r* peut exprimer *théière* !). Et ce sont ces trois lettres que l'on trouve à la fin de *joaillier*, de *marguillier* et de *quincaillier*... des mots où certains ont tendance à oublier le second *i*.

En revanche, *écailler* (féminin *écaillère*), nom du commerçant qui ouvre et vend des huîtres, qui vend des fruits de mer, ne comporte pas ce *i* derrière les deux *l*.

Au sens moderne, *marguillier* – terme que Prosper Mérimée avait glissé dans sa fameuse dictée – désigne la personne chargée de la garde et de l'entretien d'une église.

228. Du côté de chez Proust : *aiguillier, boutillier, coquillier, groseillier, joaillier, marguillier, médaillier, millier, quincaillier* et *vanillier*.

Chef-lieu de canton d'Eure-et-Loir, Illiers a pris le nom valorisant d'Illiers-Combray du fait que Marcel Proust, dans *La Recherche*, a dépeint cette commune sous le nom de Combray[1]...

Ici, seule *Illiers* nous intéresse, avec ses *i-l-l-i-e-r*, six lettres qui constituent la terminaison de quelques mots dont il convient de connaître l'orthographe.

Nous avons vu par ailleurs, déjà, *joaillier, marguillier* et *quincaillier.*

À ne pas confondre avec le verbe *aiguiller*, « diriger, orienter », le substantif *aiguillier* désigne soit une personne qui fabrique des aiguilles, soit un porte-aiguilles. *Boutillier*, quoique rare, est plus usité que les variantes *bouteiller* (sans *i* après les deux *l*), ou *bouteillier*, relevée chez Victor Hugo. Le *boutillier* était un grand officier royal chargé de l'intendance du vin : *le grand boutillier de France.* Avec lui, on connaît l'échanson ! Le *coquillier* est une collection de coquillages, de coquilles, ou le meuble, le local, contenant cette collection ; le mot est aussi adjectif : *l'industrie coquillière, du calcaire*

1. Le nom composé a été adopté officiellement le 8 avril 1971 par décret du 29 mars publié le 7 avril au *Journal officiel*, à l'occasion du centenaire de la naissance de Proust.

coquillier... Le *coquillier* est aussi un dragueur : un bateau de pêche utilisé pour draguer la coquille Saint-Jacques.

Un *médaillier*... n'est pas un *médaillé*, titulaire d'une ou de plusieurs médailles, mais un meuble ou une petite armoire destinés à accueillir une collection de médailles. Le mot désigne aussi la collection elle-même. Enfin, le *vanillier* est la liane dont le fruit est la vanille.

Tentons une formule mnémonique globale :

« À Illiers, le marguillier et le joaillier cultivent des groseilliers, tandis que le quincaillier fabricant de médailliers s'occupe d'un vanillier. Sur l'Eure, à bord d'un coquillier breton, un aiguillier propriétaire d'un millier de bonnes bouteilles se prend pour un boutillier royal. »

229. « Éléonore est *déshonorée* : elle a loupé son dessert ! »

Une chanson de naguère vantait le « caractère en or » d'une prénommée Éléonore. Ici, c'est surtout l'élément *onor* qui nous intéresse, car il permet de mémoriser que, lorsque les mots de la famille d'*honneur* sont forgés sur le radical latin *honor*, ils n'ont qu'un *n* : *déshonorer, honorable, honorer, honorifique.*

Au contraire, ceux bâtis sur le radical populaire *honn* comportent deux *n* : *déshonneur, honnête, honnêteté, honneur.*

230. « *Rationalisme* n'a qu'un *n*, na ! »

Dans la famille de *ration*, le *n* ne double pas devant un *a* : on a toujours *na*, jamais *nna* : *rationaliser, rationalisme, rationalité.*

Devant une autre voyelle, le *n* est doublé : *rationnel(le), rationnellement...*

231. « Il est âgé, pépé ! »

Il est âgé, le papy, alors il s'*agrippe* aux meubles pour se déplacer… Il est « â-gé » (un *g*), « pé-pé » (deux *p*) : *agripper* comporte un *g* et deux *p* !

232. « Elle est carrée, cette rosse ! »

Il peut s'agir ici d'une jument percheronne ou d'une femme « à la Dubout », c'est-à-dire comparable aux dames dessinées par le caricaturiste Albert Dubout[1] : des « grenadiers » dominant de la tête et des épaules leur chétif époux. Tolstoï aurait dit d'eux qu'ils n'étaient « guère épais ».

Quoi qu'il en soit, *carrée*, avec ses deux *r*, et *rosse* rappellent que *carrosse*, comme tous les mots de la famille de *charrette*, s'écrit avec deux *r*. Seul *chariot*, avec son *r* solitaire, fait exception… Ce que l'on peut retenir par : « L'aristo, avec son air distingué, conduit un *chariot.* » (Un seul *r* à *aristo*, qui a un « air distingué ».)

---

1. Albert Dubout, un des dessinateurs humoristiques les plus célèbres de France, a toujours représenté des couples physiquement disproportionnés. Caricaturiste de presse, il a aussi illustré de nombreux ouvrages.

233. « On se *nourrit* deux fois chaque jour. »

En principe, on prend tous les jours deux repas principaux : le déjeuner et le dîner (on écartera le petit(-)déjeuner – avec ou sans trait d'union –, quand bien même serait-il copieux, façon anglo-saxonne ; de même, l'éventuel brunch, et la collation de 16 heures ou 17 heures…).

Puisque l'on se nourrit deux fois par jour, il est normal d'écrire avec deux *r* le verbe *nourrir.*

234. « On ne meurt qu'une fois !… »

C'est ce que pensent les gens sensés, en tout cas, et bien que des journalistes s'obstinent à « pondre » chaque jour, dans la presse nationale et dans la presse quotidienne régionale, des titres ainsi formulés : « Cinquième mort d'un automobiliste au passage à niveau de Happuy-sur-le-Champignon ». Titres laissant donc entendre que, quatre fois ressuscité, un conducteur vient de trépasser à nouveau (provisoirement ??). La formulation rigoureuse étant : « Mort d'un cinquième automobiliste au passage… »

On ne meurt qu'une fois, comme la garde impériale à Waterloo, et il est donc logique qu'il n'y ait qu'un *r* à *mourir* !

235. « As-tu *rappelé* pépé chez lui ?… »

Cette fois, on ne sait pas si « pépé » est âgé ou non (cf. *« Il est âgé, pépé. »*) Peu importe ! En tout cas, les deux *p* dudit pépé nous… rappellent que *rappeler* s'écrit avec deux *p* ! Il faut l'appeler *« chez lui »* : il n'y a qu'un *l* à *lui*, donc qu'un *l* à *rappeler, rappelé, rappela, rappelait...* En revanche, il faut deux *l* à *rappelle, rappelles, rappellent... (je rappelle, tu rappelles, il [elle] rappelle, ils [elles] rappellent...)*. Modifions alors quelque peu la formule mnémonique : « Rappelle ta pépée chez elle ! »

236. « La bonne est une vraie *bonbonne* ! »

Dans « le cinéma de papa », les films tournés avant 1950-1960, les personnages de bonnes et de concierges étaient souvent confiés à des comédiennes au physique plantureux (... ou alors, tout au contraire, à des actrices malingres). Ce n'était pas le cas de Nicole Courcel dans *Papa, maman, la bonne et moi*, comédie gentillette où Gaby Morlay, Fernand Ledoux et Robert Lamoureux se donnaient sympathiquement la réplique.

Bonne a deux *n* : même chose pour *bonbonne*, nom désignant une bouteille généralement bien renflée. Avec *bonbon* et *bonbonnière*, *bonbonne* est le seul mot de la langue où l'on trouve un *n* – et non un *m* – devant un *b*. (Des dictionnaires donnent, en seconde orthographe, « bombonne », mais cette variante n'est pas adoptée par l'usage.)

237. « À *Tulle*, on coince la bulle sans *scrupule*. »

La quasi-totalité des mots se terminant sur le son *-ul* s'écrivent en *-ule (scrupule, crépuscule, fascicule, vestibule, pellicule, opercule, émule, mule, somnambule, pécule, funambule...)*. Seules exceptions : *bulle, tulle* (nom commun issu par antonomase du nom propre du chef-lieu de la Corrèze) et *nulle* (adj. et n. f.).

Quelques termes masculins en *-ul* : *calcul, consul, cumul, recul.*

238. « On fait le plein d'air, en *Méditerranée* ! »

S'il n'y avait pas le détroit de Gibraltar qui la fait communiquer avec l'Atlantique, et le canal de Suez, qui la relie à la mer Rouge, la *Méditerranée* serait une mer complètement fermée. Le fait qu'elle soit entourée de terre, d'où son nom, doit permettre de retenir que son nom comporte deux *r*, et non un seul.

239. « La *demoiselle* aux *belles dentelles* adore la *marelle* et les *mirabelles* ! Mais elle n'est pas un *modèle* pour le *zèle* auprès de la *fidèle clientèle*... »

Une grande majorité de noms féminins à la terminaison en *el* s'écrivent en *-elle* : *aquarelle, bielle, bretelle, cannelle, citronnelle, chanterelle, coccinelle...*

Seuls quelques mots féminins ont pour terminaison *-èle* : *clientèle, fidèle (une), infidèle (une), une parallèle...* De même, quelques noms masculins : *fidèle* [également adjectif épicène], *infidèle* [également adjectif épicène], *modèle, parallèle, zèle.*

240. « Il faut absolument deux *chandelles* pour ce *chandelier.* »

« Deux chandelles, c'est-à-dire… deux *l* pour « ce chandelier », soit un *l*. Par ailleurs, la prononciation donne aussi la réponse : *èl* = deux *l* tandis que *e* = un *l*.

N.B. : idem pour *échelle* et *échelon, ficelle* et *ficeler*… ou encore *j'épelle* et *épeler*, ou *j'appelle* et *appeler.*

241. « L'*ivoire* n'est pas *noir*, et le *suppositoire* non plus ! »

Tous les adjectifs qualificatifs se terminant par le son *war* s'écrivent en *-oire*, tels *dérisoire, illusoire, méritoire, obligatoire, provisoire*, etc., sauf *noir* au masculin.

« Noir c'est noir, il n'y a plus d'espoir !… », comme dirait Johnny.

242. « Elle est très âgée, cette fée ! »

Quoique âgée, elle mène son monde à la baguette, ladite fée… S'agit-il de la fâcheuse Carabosse ?… Rien ne le prouve, rien ne le dit. En revanche, il y a certitude sur le nombre de *g* et de *f* dans *agrafage, agrafe* et *agrafer* : aucune de ces lettres n'est doublée (*âgée* = un *g* ; *fée* = un *f*).

En Bretagne, terre qui fut très pieuse, le nombre important de prêtres – de « recteurs » – s'accompagna d'un nombre non moins important de « bonnes du curé », de gouvernantes nécessairement d'âge canonique[1], et censées ne pouvoir plus engendrer, ne pouvoir plus susciter, ni ressentir, d'élans charnels…

Pour renforcer le sérieux de leur statut, marquer leur détachement de toute frivolité, ces femmes – tout comme les prêtres – étaient entièrement vêtues de noir. Aucune coquetterie ne venait corriger la sévérité, l'austérité, de leurs effets… sans effet autre que la crainte qu'elles inspiraient aux enfants, voire aux adultes. Peut-être revêches de nature, ou s'imposant un comportement des plus stricts afin d'assumer de façon irréprochable une fonction soumise aux regards de la population, souvent sexagénaires, voire plus, elles furent comparées à… la redoutée fée Carabosse. D'où le nom, en breton, de *carabassen* !

À l'image d'*agrafe*, la quasi-totalité des mots commençant par le son *ag* s'écrivent avec un *g* : *agacement, agacer, agonie, agrandir, agriculture, agression…*

Avec deux *g,* on ne trouve que les mots de la famille d'*agglomérer,* d'*agglutiner* et d'*aggraver.*

---

1. Attention aux contresens sur le mot *canonique* – contresens confortés, peut-être, par le personnage, très chenu, d'Agecanonix dans *Astérix*. Certes, dans un sens élargi, général, *âge canonique* est employé avec la signification d'« âge respectable ». En fait, cela désigne l'âge minimum imposé aux servantes des ecclésiastiques : quarante ans !

243. « Il est têtu, l'aviateur Riri ! »

Si « la maîtresse décolle » (quand elle pratique l'aérostation, par exemple), il en va de même pour un aviateur, pour un pilote d'avion. Naturellement, à un moment ou à un autre, il faudra... *atterrir*, revenir sur *terre*. Ce dernier mot commençant par un *t*, le préfixe sera alors *at-*, tandis que la parenté avec *terre* impose et justifie les deux *t*.

Têtu : les deux *t* ; *Riri* : les deux *r* !

244. « Un *hareng* sec, sec, sec... avec un air *harassé*. »

Le fameux « Hareng saur » (in *Le Coffret de santal*) de Charles Cros (1842-1888) :

Il était un grand mur blanc – nu, nu, nu,
Contre le mur une échelle – haute, haute, haute,
Et, par terre, un hareng saur – sec, sec, sec.
Est las, fatigué, harassé...

Un peu de *harissa* le requinquerait-il, lui redonnerait-il la pêche de la jeunesse afin qu'il ne ressorte pas de cette période d'abattement comme un... vieillard en sort ?

Il a « un air » harassé, autrement dit : un *r*, comme tous les mots commençant par *har* : *haras, harassé, haret, haricot, haridelle...*

245. « J'imagine que cet *imitateur* ne s'appelle pas Emmanuel, mais Manuel... »

Tous les mots commençant par le son *im* prennent deux *m* : *immaculé(e), immatriculation, immédiat(e), immense, immeuble, immigrer, immobile, immobilier, immortalité, immunité*..., sauf les mots de la famille d'*imaginer* et d'*imiter* : *image, imaginaire, imagination... imitateur, imitatrice, imitation*... L'imitateur a donc un prénom ne comportant qu'un *m*...

246. « Sur leurs deux jambes, les artistes du *ballet* interprètent la danse du *balai.* »

Les danseurs du *ballet* expriment tout leur art sur leurs deux jambes, ce qui peut justifier les deux *l* du mot *ballet*, alors que, le *balai* n'ayant qu'un manche, son nom s'écrit avec un seul *l*...

« AVEC OU SANS THÉ ? »

Graphie et prononciation divergent assez souvent, parce que des sons différents peuvent être représentés par les mêmes lettres. D'où des hésitations sur l'orthographe... Entre autres avec le *t*, qui se prononce *t* dans *partie*, mais *ss* dans *partiel*. Alors, dans certains mots, on prendra le « thé » *t*, dans d'autres, on s'en abstiendra !

247. « Thérèse est *insatiable* de thé ! »

Parmi les mots du langage courant se terminant sur le son *ciable*, SEUL *insatiable* s'écrit avec un *t*. Tous les autres ont une terminaison en *-ciable (sociable, justiciable...)*.

248. « Cette *antienne* ne doit pas être récitée à *l'ancienne*... »

Du grec *antiphônos,* « qui répond », le nom féminin *antienne* désigne un verset chanté avant et après un psaume. Une acception seconde en fait – souvent avec une connotation évidemment critique – une répétition fort lassante...

Antienne ne se prononce pas comme *ancienne* (*« Allez ! Va, l'ancienne ! »* dit-on à Valenciennes), mais comme « anti-haine »... ou l'inventé *antyenne*, plus exactement.

249. « Quel impair, ici ! Encore *l'impéritie* des dirigeants ! »

Impéritie, du latin *imperitia*, de *peritus*, « expérimenté », est un mot féminin désignant l'incompétence, le manque de capacités de certaines personnes, notamment d'élus, de politiciens.

L'étymologie le montre : en dépit de la prononciation *issi*, c'est un *t* qu'il faut, et non un *c* ou bien deux *s*...

250. « Le responsable de la *connexion* est Monsieur X... ! »

L'anglicisme *french connection* ne doit pas vous induire en erreur (et non vous « enduire d'erreur » !) : le mot français *connexion* s'écrit avec un *x* pas avec un *t*. Comme *connexe* et *connexité* !

251. « *Superstitieux*, il est cependant athée ! »

Oui, il est « à *t* », et non « à *c* », ni « à *ss* », le *superstitieux* ! Et cela en dépit de la prononciation en *ss*. Et c'est la même chose pour le *prétentieux*, voire la *prétentieuse* : *« Ce prétentieux est très superstitieux ! »* On retrouve donc, avec la prononciation en *ss*, la terminaison en *-tion* de *superstition* et de *prétention*. En revanche, c'est le *c* de *sentence* qui est maintenu dans *sentencieux(-se)* et *sentencieusement*…

252. Les adjectifs qualificatifs se terminant sur le son *anciel* sont plus *athées* que proches du *ciel*.

Généralement – quoique apparentés à un substantif en *ence* –, les adjectifs qualificatifs terminés par le son *anciel* sont… athées *(= « à t ») : confidentiel (confidence), démentiel (démence), essentiel (essence), présidentiel (présidence), providentiel (providence)…*

« CHERCHER LA FEMME »

Pour résoudre une affaire policière, pour démêler une intrigue compliquée, pour trouver l'origine d'un conflit ou d'un différend, un conseil courant, populaire, est : « Cherchez la femme ! »…

Un peu de la même façon, lorsque l'on hésite sur la terminaison d'un mot masculin, il peut être utile de savoir quel est son féminin… et comment se construit le féminin en français.

En règle générale, le féminin des noms et des adjectifs se forme à l'écrit par l'adjonction d'un *e* à la forme masculine. Cet ajout ne se fait pas toujours entendre à l'oral : *béni, bénie* ; *apprenti, apprentie* ; *connu, connue* ; *royal, royale* ; *subtil, subtile* ; *aéré, aérée*… En revanche, quand elle est audible, la terminaison féminine se révèle très intéressante pour déterminer comment s'écrit le masculin : on retranche mentalement le *e* final, et le tour est joué !

En entendant le mot *commerçante*, on peut, sans grand risque, se dire que le masculin est *commerçant,* avec un *t* final. *Mauvaise*, *petite*, *grise*, *fine*, *verte*, *calmante*, *pleine*, *réduite*… conduisent logiquement aux masculins *mauvais*, *petit*, *gris*, *fin*, *vert*, *calmant*, *plein* et *réduit.* Il faudra toutefois se méfier de quelques cas particuliers du type de *favori*, qui au féminin donne *favorite*…

253. « Ce vieillard *décrépit* est tout dépité ! »

Il n'a pas perdu son crépi, tel un mur, ce malheureux ancien, mais il est en état de *décrépitude*, de grande sénescence… *Décrépitude* indiquait la lettre finale de *décrépit*, tout comme le féminin *décrépite*.

Il ne faut pas confondre une façade *décrépie* (qui a perdu son crépi) avec une vieillarde *décrépite* ! Le français, langue bien vivante, évoluant sans cesse, des dictionnaires acceptent aujourd'hui de qualifier de *décrépit(e)* une chose : une maison, une façade, un mur délabrés, ayant entre autres perdu leur crépi ! En revanche, il est toujours incorrect de dire d'une personne qu'elle est « décrépie »… sauf, peut-être, avec humour sarcastique, s'il s'agit de quelqu'un d'outrageusement fardé et dont le « revêtement » a disparu !!

Il convient donc de ne pas se laisser induire en erreur par les paroles d'une chanson populaire du XIXe siècle où il est dit :

Quand je photographie une vieille décrépie,
C'est cinq francs debout, trois francs accroupie.
Mais si c'est une jeune fille, c'est seulement vingt sous,
Et si elle m'embrasse c'est plus rien du tout !

« ET POUR UNE LETTRE DE PLUS… »

254. « Charlotte *cogne* sur son frère avec un *coing* bien dur ! »

Faut-il écrire « de la confiture de coing » ou bien « de la confiture de coings » ? Les débats homériques autour de l'accord du substantif complément des mots *confiture*, *gelée*, *compote*… n'ont pas fini de mettre de l'animation notamment dans les cassetins (les bureaux) de correcteurs professionnels ! Là où des grammairiens aguerris avouaient y perdre leur latin, tel le regretté Maurice Grevisse, qui reconnaissait : *« Il est souvent difficile de décider si le nom complément déterminatif* […] *doit être au singulier ou au pluriel. »*

Voilà bien des « chinoiseries », penseront certains, « et il n'y a qu'à opter pour le ad libitum ! » Oui-da, ceux-là n'ont aucune idée du nombre de demandes formulées par les usagers du français. Parmi les quelque sept mille questions (souvent récurrentes, mais aussi allant au-delà de la langue française) auxquelles nous avons personnellement répondu dans le cadre du service de « SOS langue française » que nous avions créé au journal *Le Monde*, ces accords « emmouscaillants » revenaient régulièrement… Et il en était de même au sein des questions posées sur le site des Dicos d'or - L'Express. Tout simplement parce que les gens veulent des certitudes, des réponses à leurs questions réglant une fois pour toutes des difficultés qui les « turlupinent » à longueur d'année. Les correcteurs professionnels eux-mêmes sont mis en demeure de fixer des graphies qui feront référence, et qui éviteront à des ouvrages de n'être pas correctement « unifiés », qui éviteront des pertes de temps inutiles en discussions byzantines…

La « norme », aujourd'hui, est donc la suivante (mais, bien entendu, elle reste controversée) : on met le complément au pluriel lorsque l'on estime que l'on reconnaît encore… un peu la forme DES fruits, ce qui est, ou serait, le cas pour les confitures. On choisit donc d'écrire : *de la confiture de groseilles, des confitures de cerises, de la confiture de mûres*… En revanche, dans les gelées et les compotes on ne distingue plus rien : on est face à une masse informe, indénombrable, d'une matière qui s'appelle « de la fraise », « de la groseille », « du coing », d'où les graphies *gelée de fraise, compote de coing, gelée de mûre, compote de pomme*… Mais la question ne s'arrête pas là… Que faire avec les « compotes avec morceaux » ?!

Qui l'emporte, dans ce cas : la masse générale, ou les morceaux reconnaissables (?) qui y sont mêlés ?… La logique, d'après ce qui précède, plaide pour : *compote de pêche… avec morceaux.*

Mais revenons au titre de ce chapitre, sans pour autant changer de… coing : « Et pour une lettre de plus… » L'orthographe de *coing* n'est sans doute pas évidente pour tout le monde, et Bernard Pivot avait joué sur les mots et aux quatre « coings » dans une dictée des Dicos d'or.

Un truc utile, une ficelle non négligeable, quand on hésite sur un mot pouvant comporter une lettre qui ne se prononce pas, consiste à rechercher un ou des mots de la même famille. Comment s'appelle donc l'arbre qui fournit le coing ?… Eh bien, c'est le *cognassier*, et le *g* final du nom du fruit s'explique par le *g* figurant dans le nom de l'arbre… et dans *cogner* !

255. « Le *pouls* de l'époux plein de poux dépend de ses *pulsions.* »

Certes, le cœur humain a ses pulsions, et le pouls traduit la fréquence des battements, des *pulsations*, éventuellement déterminés par des pulsions…

L'orthographe de *pouls*, avec son *s* final, s'explique par sa parenté avec *pulsation*. Ce digramme *ls* qui ne se prononce pas est « la lettre » de plus…

256. « Ce compte-rendu est trop *succinct* pour être *sensé* ! »

En tout cas, le mot *succinct*, lui, n'est pas… « sans c » : cette lettre y figure trois fois. Nous disons bien « trois », et non deux, car il y a devant le *t* un *c* muet, qui est souvent oublié à l'écrit. Il ne se prononce pas non plus, en principe, dans l'adverbe *succinctement*, qui du coup n'est pas d'une grande aide (toutefois, l'usage oscille)… C'est par l'étymologie que l'on trouve son origine, donc la réponse, à savoir le latin *succinctus*, qui signifiait… « court-vêtu » !

257. « Le *suspect* est *sensé*, mais la *suspecte* n'est pas *sensée*, elle ! »

La terminaison de *suspect* peut susciter l'hésitation : y a-t-il, ou non, un *c* muet devant le *t* final ?… La prononciation du féminin, *suspecte (susspekte)*, apporte la délivrance en révélant la présence du *c*.

Le suspect est bien « sans c » (qui ne se prononce pas), tandis que la suspecte « n'est pas sans c » (puisqu'on l'entend).

258. « *Instinctivement*, je mets *respectueusement* un *c* à *instinct* et à *respect* ! »

Toujours cette perplexité avec l'éventualité d'un *c* devant un *t* final, dans *instinct* et dans *respect*… Le recours à d'autres mots de leurs familles permet de faire ressortir cette « lettre de plus » que, pourtant, l'on n'entend pas ! *Instinctivement*, d'une part, et *respectueux/respectueuse*, *respecter*, *respectabilité*, etc., d'autre part, donnent la réponse…

259. « À mes *remerciements* et à mes *paiements*, j'ai ajouté des *œufs* ! »

Cette formulette permettra peut-être de mémoriser que tous les noms forgés sur des verbes se terminant en *-ayer*, *-ier*, *-ouer*, *-oyer* et *-uer* et ayant un suffixe en *-ment* ont un *e* médian entre la racine et ce suffixe. On voit donc des *e* (des « œufs ») au milieu de ces substantifs…

– payer : paiement
– renier : reniement
– s'engouer : engouement
– aboyer : aboiement
– dénuer (se) : dénuement

UNE SEULE EXCEPTION : *châtiment* (de *châtier*, pourtant).

DU CÔTÉ DES NOMS PROPRES

Les noms propres, cela va de soi, mettent aussi en difficulté les usagers de la langue française. Même s'agissant de termes bien « hexagonaux », les hésitations sont nombreuses, ce qui est normal. Aucun d'entre nous n'est omniscient, ne peut prétendre tout connaître. Même un moderne Pic de La Mirandole s'avouera vaincu par l'ampleur des connaissances à maîtriser.

Dans le domaine de l'orthographe, des trucs et ficelles peuvent cependant, encore, donner un bon coup de main !

260. « *Loir/Loire* : reçu *5 sur 5* tout en montant les escaliers *quatre à quatre.* »

Les Français ne connaissent pas la géographie, déplore-t-on à raison… Car ce constat est confirmé par les « réponses » (*sic*)… ou les silences suivant, dans des jeux télévisés, les questions portant sur ce thème. Moins graves, intrinsèquement, mais néanmoins fâcheuses, les erreurs d'orthographe commises sur des noms qui devraient être connus de tous…

Il est quelque peu étonnant de voir des hésitations sur les noms des départements, mais ne tombons pas dans le travers de la paille et de la poutre… ! Après tout, la perplexité au sujet des départements comportant soit le nom du *Loir*, soit le nom de la *Loire* peut être compréhensible.

Une très heureuse coïncidence vient au secours des hésitants : les noms de ces départements se répartissent, pur hasard, en deux catégories. On trouve en effet soit l'association de deux noms de quatre lettres *(Eure-et-Loir, Loir-et-Cher)*, soit l'association de deux noms de cinq lettres *(Indre-et-Loire, Maine-et-Loire, Saône-et-Loire)*. Il n'y a pas d'exception, *Loire-Atlantique* n'étant pas l'addition de deux noms de cours d'eau. Bien entendu, il faut être certain de l'orthographe du nom associé…

Il reste préférable, néanmoins, de s'efforcer de situer correctement les départements, de connaître l'origine de leur nom, ainsi que les noms et les parcours des principaux fleuves et rivières…

261. « Le *Libyen* n'a pas d'alibi en *Syrie* ! »

Il n'y a pas de pays dont le nom s'écrive « Libi » ou « Libie », ni « Lybie » (où le *y* et le *i* seraient dans l'ordre inverse de l'alphabet). Le *i* est avant le *y*, et le nom du pays s'écrit : *Libye.*

Dans le milieu de la presse, notamment chez les correcteurs-réviseurs, on a pris l'habitude de mémoriser cela en prononçant *ail* le *y*. Tripoli est ainsi la capitale de la « Libaille », alors que *Syrie* se prononce normalement : *siri*.

262. « *"Ah !"*, fit-elle en voyant la *Saône*. »

Depuis peu reine de France, Marie-Antoinette visitait Lyon… On montra entre autres à la jeune souveraine un beau cours d'eau, en lui disant : *« C'est la Saône ! »* en prononçant *Çaune*, naturellement. *« Mais,* s'étonna-t-elle, *à Paris on prononce* Saine *! »* Sans doute eut-elle droit, alors, à un respectueux cours de géographie. Marie-Antoinette était bien pardonnable pour cette bévue… Aujourd'hui, combien de Français, tous passés par l'Éducation nationale, pourraient dire quel cours d'eau passe à Innsbruck ou lequel coule à Graz ?…

En tout cas, le *a* de *Saône* est muet (alors que celui de *Caen* ne l'est pas). La formulette historico-mnémonique peut permettre de se souvenir de sa présence.

263. « Aimez-vous le *cacao* de *Curaçao* ? »

Nom commun (liqueur faite avec de l'eau-de-vie, des écorces d'orange et du sucre), *curaçao* se prononce *curasso*, comme le nom propre (île des Antilles) qui en est l'éponyme. Le second *a* ne se fait pas entendre. Le rapprochement avec *cacao* permet de mémoriser quelles sont les trois dernières lettres !…

264. « Je vais en *charentaises* en Poitou-*Charentes* ! »

Si l'on s'est mis à l'aise, chez soi, cela peut être explicité par l'expression *être dans ses charentaises*, ou *être en charentaises*, c'est-à-dire avoir adopté une tenue décontractée, notamment marquée par le fait d'avoir mis des chaussons. Comme en principe chacun de nous a deux pieds, *charentaises* doit être écrit au pluriel.

Et *Charentes* aussi dans le nom de la Région administrative : celle-ci réunit le Poitou, la Charente et la Charente-Maritime. L'Administration a choisi de considérer les deux entités départementales plutôt qu'adopter le singulier, qui eût été ambigu, parce que désignant à la fois une région géographique et un département…

N.B. : pour la promotion de la Région administrative, on a choisi d'inverser les termes du nom officiel (les rimes devaient être plus difficiles à trouver !) : « Charentes-Poitou : qualité du goût ! »

S'il faut donc se retenir d'écrire « Charente », au singulier, dans le nom de la Région administrative, c'est au contraire le singulier qu'il faut observer dans le nom administratif *Champagne-Ardenne* : cette région associe la Champagne à l'Ardenne, nom géographique, pas au département des Ardennes ! L'Ardenne est un vaste massif s'étendant sur la Belgique, le Luxembourg et le nord-est de la France. Bien entendu, c'est uniquement la partie française qui est accouplée à la Champagne… Il y a tout de même quelques raisons d'hésiter sur l'orthographe, quand on sait que le pluriel est également utilisé pour désigner le massif (voir le Petit Larousse, par exemple !), mais sans doute surtout pour parler de la totalité du territoire s'étalant sur les trois pays.

Autre région administrative : *les Pays de la Loire.* Bien qu'il s'agisse d'un nom politico-administratif, il n'y a pas de traits d'union (il y a des termes de liaison : *de* et *la*, donc pas besoin, en plus, de traits d'union qui constitueraient un pléonasme graphique). La majuscule obligatoire à *Pays* et le *la* établissent une différence nécessaire avec la dénomination, purement géographique, de *pays de Loire*, qui s'applique à une autre aire, plus vaste et quelque peu floue selon les interlocuteurs que l'on peut avoir en face de soi.

265. « Ce *comédien-français,* vedette de la *Comédie-Française,* est polonais… »

Phrase rigoureusement correcte, à l'orthographe irréprochable ! L'acteur dont il est question joue au Français, c'est-à-dire au Théâtre-Français, soit à la prestigieuse Comédie-Française, dont le nom s'écrit avec deux majuscules et un trait d'union. Cette Maison de Molière accueille dans sa troupe des comédiens et comédiennes n'étant pas de nationalité française. Pour parler des acteurs membres du Français, on ne peut adopter la graphie *les comédiens français…* Celle-ci ne peut être utilisée qu'à propos de comédiens et comédiennes de nationalité française, ou au sujet de l'ensemble des acteurs et actrices français. La logique et la rigueur conduisent donc à s'aligner sur *Comédie-Française* : on ne reprend pas les majuscules, mais on garde le trait d'union, ce qui donne *comédien-français, comédiens-français* (qui sont bien les graphies adoptées par la Comédie-Française). Le féminin, non moins logique, *comédienne(s)-française(s),* semble moins usité.

Synonyme de *Comédie-Française*, *Théâtre-Français* s'écrit également avec deux majuscules et un trait d'union. Attention aux erreurs possibles qui seraient entraînées par un manque de précision :

– « Le Théâtre-Français va mal » = il y a une crise à la Comédie-Française, pour telle ou telle raison.

– « Le théâtre français va mal » = le monde du spectacle théâtral français va mal (désaffection des spectateurs, réductions des subventions, etc.).

266. « Franz *Liszt* respectait l'alphabet ! »

En français, le nom du compositeur hongrois Franz *Liszt* équivaut à « François Farine »… L'hésitation est fréquente quant à l'ordre du *s* et du *z*. Pour ne plus avoir de doute, c'est pourtant bien simple : il suffit de mémoriser le fait que ces deux lettres se présentent dans l'ordre alphabétique : *s* puis *z*.

De la même façon, le *h* et le *l* respectent l'ordre de l'alphabet dans le patronyme du botaniste suédois *Dahl*, « parrain » du *dahlia*, dont le nom donne du tintouin à bien des usagers de la langue…

267. « *Bertolt* Brecht était *athée*… »

Autre « B.B. » célèbre, n'en déplaise à Brigitte Bardot : l'auteur dramatique allemand Bertolt Brecht (1898-1956). Une erreur récurrente consiste à le prénommer « Bertold », voire « Berthold », alors que la bonne version est *Bertolt*, avec un *t* final. Brecht était bien « athée » (… « à *t* »), et non « à *d* ».

268. « Le sapeur *Camember* rejette le *thé*. »

Personnage bien connu des bédéphiles ne se cantonnant pas aux créations récentes, le sapeur Camember est le « fils » du dessinateur Christophe, un des pères fondateurs de la BD française. On lui doit notamment aussi le savant Cosinus et la famille Fenouillard…

Né à Lure (Haute-Saône), Christophe (de son véritable nom Georges Colomb : on voit le jeu de mots !) fut donc dès sa naissance un joyeux luron !

Se démarquant de la commune de l'Orne *Camembert*, qui a donné son nom, est-il besoin de le dire, au plus célèbre fromage de France, associé à la baguette de pain et au béret basque dans la représentation caricaturale du Français moyen, Christophe donna à son sapeur le nom de *Camember*, sans *t*… Notre militaire rejette donc bien le *thé* (le *t*)…

Le gag le plus connu, sans doute, de cette BD repose sur une bévue orthographique du brave « mirlitaire » : celui-ci a délaissé sa guérite, et sa faction, pour aller à la cantine… Mais il provoque l'émoi, ayant affiché une petite pancarte où il a écrit : *« Le sapeur a été mangé »*, pour « Le sapeur a été manger », bien sûr.

269. « Le *Sphinx* a quitté le *pays grec* ! »

Monstre mythique de l'Égypte pharaonique, le Sphinx à corps de lion et à tête humaine a été sculpté près des sanctuaires funéraires dont il était le gardien. Nom commun, *sphinx* est néanmoins souvent écrit avec une majuscule dans les ouvrages traitant de l'Égypte ancienne et/ou de l'Antiquité grecque. Dans la légende d'Œdipe, ce terme est généralement considéré comme un nom propre par des auteurs… Mais les tenants de la minuscule, approuvés par des dictionnaires de référence, sont nombreux. Peu importe, après tout : il est plus important de savoir écrire le mot *sphinx*.

Si le Sphinx a quitté « le pays grec », cela signifie qu'il n'y a pas dans ce vocable « *p* et *y* », mais un *p* et un *i* ! Tout comme son féminin *sphinge*, parfois employé à la place du masculin, *Sphinx*/*sphinx* ne comporte pas de *y*.

Rappelons la fameuse énigme posée par le Sphinx à Œdipe, aux portes de Thèbes, ville que le monstre terrifie. La redoutable créature soumet en effet une énigme à tous les voyageurs et dévore tous ceux qui ne fournissent pas la bonne réponse à sa question « Qui est-ce qui marche à quatre pattes le matin, à deux à midi et à trois le soir ? »

Finaud, Œdipe donne la réponse : c'est l'homme, qui, enfant, se déplace à quatre pattes, puis qui, adulte, passe à la station debout, sur ses deux pieds, pour, au soir de la vie, se déplacer avec une canne. Mortifié, le Sphinx se jette du haut de son rocher (ou du haut des remparts de Thèbes, selon une autre version), et se tue.

ET POUR QUELQUES TRUCS ET FICELLES DE PLUS…

270. « J'ai lu ce *magazine* de A à Z. »

Magasin, magazine, il y a de quoi s'y perdre, parfois. Dites-vous, alors, que vous lisez attentivement tout *magazine* de A à Z, ce qui souligne que c'est un *z*, et non un *s*, qui figure dans ce terme venu de l'anglais et issu lui-même du français… *magasin*. C'est également un *z*, et des *a*, que l'on a dans *mazagran*, nom d'un verre à pied, en porcelaine épaisse généralement, utilisé pour boire le café.

Naguère, le mot a désigné le café lui-même servi dans un verre. Ce mot fait partie des noms communs issus, par antonomase, de noms propres de lieux.

… Nous sommes en 1840. À Mazagran, petit village algérien situé près de Mostaganem (que l'on surnomma plus tard, par un à-peu-près facile, dans les milieux militaires, « Mange ta gamelle »), 123 Français commandés par le capitaine Lelièvre tinrent tête, du 4 au 6 février, aux 12 000 Arabes qui les assiégeaient.

On dit que, pour mettre en échec jour et nuit un ennemi très supérieur en nombre, les assiégés burent moult cafés, dans des verres à pied assez hauts, en grès ou en porcelaine épaisse, qui pouvaient être tenus en main même si la boisson était brûlante.

Le fait d'armes fut célébré et popularisé, mais c'est seulement en 1865 que le mot *mazagran* est repéré dans un texte français. Il désigne alors soit un café, chaud ou froid, bu dans un verre, soit un café froid étendu d'eau, mais cet emploi est sorti depuis longtemps de l'usage. Reste l'autre acception : « récipient en forme de verre à pied épais, avec parfois une anse ».

« Ce Lelièvre est un fameux lapin ! » dit-on à l'époque, par un jeu de mots fondé sur la signification populaire de *lapin* au sens de « gaillard », d'« individu courageux ».

Pour mémoriser le *z* de *Mazagran* : *« Chez les* zouaves, *chacun a son propre* mazagran *! »*

Quant au *s* de *magasin*, il peut se mémoriser par le pluriel de *grands magasins* : *« Sophie adore faire ses courses dans les grands magasins »* ou, plus simplement, par l'initiale du prénom : *« Sophie tient un magasin. »*

271. « Les *satellites volent* autour de la *Terre*... »

Ils tournent, ils gravitent, sur une orbite, plutôt, mais, bon, disons que c'est une image poétique ! Pour voler, comme les oiseaux, il faut deux ailes... soit deux *l*. Il n'y a qu'un *t* à *Terre*, donc idem pour *satellite* ! Plus d'hésitation sur le nombre de *l* et de *t* dans ce mot.

272. « Ce travail *fatigant* ne me fait pas sourire... »

L'orthographe des adjectifs verbaux et des participes présents n'est pas des plus simples : parfois ils ont la même orthographe *(un patron exigeant ; « C'est en exigeant trop qu'il s'est fâché avec ses amis »)* ; dans d'autres cas, l'orthographe est distincte *(un travail fatigant ; c'est en fatiguant par de longues promenades le jeune berger allemand qu'il est parvenu à le dresser)...*

Un travail harassant, fatigant, ne fait pas sourire... C'est pourquoi il n'y a pas dans *fatigant* un U qui, dans des logos, peut exprimer un large sourire !

Tous les participes présents sont toujours invariables et se terminent par *-ant : il se déplaçait en zigzaguant ; il s'est enrichi en façonnant des porte-clés ; en naviguant trop près de cette île, vous risquez de vous échouer...).*

Les adjectifs verbaux sont variables, et peuvent se terminer en *-ant* ou en *-ent* (*le personnel navigant ;*

des opinions divergentes ; les pays émergents ; des propos extravagants…).

Pour les distinguer, on s'y retrouve en appliquant ce qui suit :

1° les participes présents peuvent être remplacés par un gérondif (en + participe présent) ou par une proposition conjonctive. Exemples :

– *« Suffoquant de colère, il partit aussitôt »* peut être remplacé par « En suffoquant de colère, il partit aussitôt ».

– *« Provoquant alors un court-circuit, il réduisit* au silence la télévision et la radio » peut être remplacé par « C'est parce qu'il provoqua un court-circuit que… ».

2° Les adjectifs verbaux (et les noms) peuvent être remplacés par une proposition relative (avec *qui*) :

– *« Le personnel navigant s'est mis en grève »* peut être remplacé par « Le personnel qui navigue s'est mis en grève ».

– *« Les fabricants de jeux de société »* peut être remplacé par « Ceux qui fabriquent des jeux de société ».

L'adjectif verbal peut toujours être remplacé par un adjectif (*un argument convaincant : un argument persuasif*) ; ce n'est pas possible avec un participe présent. Si le participe présent de *fabriquer* s'écrit avec (*qu'en fabriquant…*), le nom, lui, s'écrit avec un *c*. Formules mnémoniques, attirant l'attention sur le *c* : « Un fabricant doit atteindre le plus gros C. A. (chiffres d'affaires) possible » ; « C'est un fabricant habitant dans le CANtal… »

273. « Pas besoin *d'étayer* exagérément ce *soutien* pour le *maintien* du toit… »

Il soutient, à raison, que le gaz ypérite *doit son nom à la ville* d'Ypres, *en Belgique ; Il maintient, et il n'a pas tort,* qu'anagramme *est un mot féminin…* Certes, dans la conjugaison de *soutenir* et de *maintenir* on trouve des terminaisons en *-tient*, mais les substantifs (les noms) *soutien* et *maintien* n'ont pas besoin d'un *t* final pour les supporter et renforcer leur signification.

Dans *soutien-gorge*, le premier élément est bien le nom commun, sans *t* final ! Au pluriel, *des soutien-gorge* ou *soutiens-gorges* : les deux dictionnaires les plus vendus en France divergent…

274. « En *s'appuyant* bien sur ses *deux pieds*, on a plus de force ! »

Bien campé sur ses pieds, que ce soit pour jouer à la pétanque ou pour exercer une poussée, on a effectivement bien plus de force ! Deux pieds qui doivent alors permettre de mémoriser les deux *p* d'*appuyer*…

275. « Ces *pieds-de-mouton* sont un *trait d'union* entre végétariens. »

La logique, le raisonnement, le bon sens : voilà qui peut faire partie des trucs, en quelque sorte ! Si l'on se trouve embarrassé au moment d'écrire, dans le menu prévu dans le cadre d'Assises des végétariens et végétaliens, *pieds de mouton*, il faut réfléchir, tel Maigret ou Hercule Poirot… Comment serait-il possible que des partisans convaincus d'un régime alimentaire excluant strictement toute viande aient pu demander, ou accepter, qu'on leur serve les pieds de vrais moutons ? C'est invraisemblable… En revanche, les végétariens et végétaliens n'ont rien contre les champignons : c'est donc *pieds-de-mouton*, avec des traits d'union, qui convient. Il y a une métaphore, par comparaison de forme ; il n'est pas question de vrais pieds, ni de vrais moutons… d'où les traits d'union !

Truc à retenir : lorsqu'il y a une métaphore, la plupart du temps les noms composés ainsi forgés prennent des traits d'union.

Sans métaphore : des dessous de table, des becs de corbeaux, des queues de pie, des dents de lion… des dessous-de-table (« enveloppes », bakchichs…), des becs-de-corbeau (des pinces coupantes), des queues-de-pie (des fracs), des dents-de-lion (des pissenlits).

276. « J'en ai *frémi* de *Peur* ! »

Cette formulette, nous l'avons inventée (pour autant qu'on puisse être sûr d'avoir vraiment été le premier à créer une formulation, un calembour, des vers holorimes, etc.) lors de commentaires d'une finale des Dicos d'or, à la télévision. La sauce a bien pris, car nous constatons que les stagiaires, les élèves en écoles de correction la connaissent…

Elle concerne l'accord de ce que l'on appelle les « adjectifs de couleur », même si dans cette catégorie on fait entrer des noms employés par ellipse. Le présent ouvrage n'étant pas du tout conçu comme devant être une grammaire, nous n'allons pas expliquer de A à Z les accords en genre et en nombre de cette catégorie de mots. (Nos lecteurs trouveront un long développement sur la question dans *L'Orthographe, c'est logique*, éd. Albin Michel/Les Dicos d'or). En revanche, la formulette ci-dessus va être explicitée :

Les VRAIS adjectifs simples de couleur s'accordent comme des adjectifs qualificatifs : *une tenture verte, des robes bleues, des cheveux noirs*, etc. En revanche, les noms employés comme adjectifs de couleur restent invariables, à l'exception de quelques-uns d'entre eux, consacrés par l'usage comme véritables adjectifs de couleur. Sont donc invariables plus de deux cents substantifs tels que : *orange, cerise, marron, réséda, citron, carotte, kaki, garance, noisette...*, parce que l'on considère qu'il s'agit toujours là d'une construction elliptique. Dans : *des chemises orange, des nappes cerise, des pantalons marron, des robes réséda, des chemisiers citron, des cheveux carotte, des uniformes kaki, des rideaux garance, des yeux noisette*, il y a un raccourci pour signifier : « des chemises qui sont d'une couleur comparable à celle de L'ORANGE », « des nappes qui ont la couleur de LA CERISE », « des pantalons qui rappellent LE MARRON », etc.

Il y a six exceptions, des noms qui, eux, s'accordent comme s'ils étaient des adjectifs : *fauve, rose, écarlate, mauve, incarnat* et *pourpre*. On écrit donc : *des tapis fauves, des vases roses, des caracos écarlates, des napperons mauves, des roses incarnates, des tentures pourpres*. D'après les initiales de ces six mots, on peut obtenir la fameuse formulette mnémonique : FRÉMI (de) P(eur).

277. « Les *Romains* ont envoyé leurs *armées* dans cette *région* où il *flotte* toujours… »

Cette formulette concerne un autre pan de l'orthographe : l'orthotypographie, un domaine exigeant, fait de rigueur et de finesse, et dont chacun devrait connaître les grandes règles. L'orthotypographie est exposée dans les différents codes typographiques et livres voisins. Nous avons consacré nous-même, dans la collection Albin Michel/Les Dicos d'or, un ouvrage aux emplois obligatoires ou souhaitables de la majuscule : *La Majuscule, c'est capital.*

L'orthotypographie, en dehors des utilisations respectives des majuscules et des minuscules, concerne l'écriture des nombres (en chiffres arabes, en chiffres romains, en petites capitales ou en toutes lettres), l'emploi des guillemets (français, anglais, américains, allemands), l'emploi de l'italique, et nombre de problèmes touchant à la typographie.

Notre formulette s'applique aux usages obligatoires en cours dans l'armée au sujet de l'écriture des numéros d'unités militaires… Les subdivisions les plus importantes se mettent en chiffres romains. Cela ne concerne que quatre entités : les armées de terre, les flottes navales, les flottes aériennes et les régions militaires (supplantées aujourd'hui par les zones de défense). Il FAUT donc écrire :

- la IIIe armée
- la VIIe flotte (navale)
- la Ire flotte (aérienne)
- la Xe région

Dans tous les autres cas, on met des chiffres arabes :

- le 5e RI
- la 2e DB
- le 21e RIMa
- le 3e RPIMa
- le 2e bataillon
- la 4e brigade
- la 7e section
- la 2e compagnie
- le 3e chasseurs
- la 2e escadrille

Arrêtons là l'énumération !

N'étant pas suspect, bien au contraire, d'être un dénigreur de la Bretagne, nous nous sommes permis d'évoquer cette Région, les Romains qui y sont venus… et la pluie dans une formule qui rappelle l'emploi obligatoire des chiffres romains : « Les ROMAINS ont envoyé leurs ARMÉES dans cette RÉGION où il FLOTTE toujours. »

278. « Partisan des *Capétiens*, ce *Lilliputien – tiens* ! – est cousin d'un *Haïtien* ! »

Les ethnonymes (ou gentilés, si l'on préfère) forgés sur des noms comportant un *t* s'écrivent eux aussi avec cette lettre, sauf rares exceptions :

Capétien sur *Capet* (Hugues)
Lilliputien sur *Lilliput* (voir *Les Voyages de Gulliver*, de Jonathan Swift)
Haïtien sur *Haïti*
Vénitien sur *Vénétie*
Égyptien sur *Égypte*
*Tahitie*n sur *Tahiti*

Donc, vous risquez peu de vous tromper en estimant que les habitants de l'antique *Béotie* devaient être des *Béotiens*, ceux de *Corinthe* des *Corinthiens*, et que les habitants de la *Carinthie* seraient des *Carinthiens* !

… Mais *Mars*, sans *t*, a cependant fourni de petits hommes verts appelés *Martiens* !

279. « C'est à *Laval*, sur la Mayenne, que j'ai appris à manœuvrer un *kayak* ! C'est un *double cas* !! »

Mot inuit, *kayak* est quelque peu… inouï : c'est un palindrome ! C'est-à-dire que, si on lit le terme de droite à gauche, on retrouve le même mot… Un certain nombre de termes, noms communs ou noms propres, ont cette particularité : *elle, rotor, radar, ressasser, selles, ana, Ève, Laval, Sées, Noyon,* etc.

On ne confondra pas les palindromes avec les anacycles : ceux-ci, lus de droite à gauche, donnent un mot qui existe, mais qui est différent de celui lu de gauche à droite : *Noël/Léon, stop/pots, snob/bons, édicule/élucidé, rengager/regagner, Sarah/haras…*

280. « Le hibou *Félix*, n'aimant pas que le *pou* fasse *joujou* avec le *bijou* trouvé dans un *chou*, lui a jeté un *caillou* sur le *genou* ! »

Cette phrase relatant un petit fait de la vie animale énumère « la bande des sept » : les sept mots terminés en *-ou* au singulier et qui, au lieu d'avoir un pluriel en *-s*, comme *clous* ou *trous*, ont la particularité de prendre un *-x*.

Mais la langue évolue, s'enrichit, et peut-être pourrait-on aller jusqu'à parler d'une « bande des neuf » ?… Ce ne serait pas rigoureux, toutefois, et voici pourquoi :

a) le cinéma a popularisé le terme *ripou*, qui est, en verlan, l'adaptation de *« pourri »* ; le *ripou* est un magouilleur… Le pluriel régulier, sur *pourris*, est donc *ripous*, que l'on voit assez souvent. Mais deux films à grand succès, au moins, ont rendu très familière la graphie *ripoux*…

b) Le double pluriel est aussi le lot de *tripou* (des *tripous* ou des *tripoux*, selon l'origine, auvergnate ou rouergate, de ce plat de tripes de mouton roulées en boules).

Il est donc difficile de faire de ces deux derniers vocables des membres à part entière du très fermé « club (c'est plus « classe » que *bande*, non ?) des sept ».

281. « Les *audacieux* iront aux *cieux* ! Et les *avaricieux* aussi ! »

Que les *audacieux* aillent aux *cieux* pour y jouir d'une heureuse retraite, pourquoi pas ?... Ce serait la récompense de l'esprit d'initiative, d'un tempérament de « battant », et tant pis pour les timorés, les pusillanimes, les « foies blancs » ! Mais que les *avaricieux*, ces fesse-mathieu, ces rats, ces harpagons, les y rejoignent, il n'y a pas de justice !!

Pourtant, ils sont classés dans la même catégorie, ces noms et adjectifs forgés sur des mots se terminant en *-ce* (et, très rarement, en *-ci*), car leur terminaison commune est : *-cieux*.

Ainsi : *astucieux (astuce), audacieux (audace), avaricieux (avarice), consciencieux (conscience), délicieux (délice), disgracieux (disgrâce), spacieux (espace), licencieux (licence), malicieux (malice), officieux (office), révérencieux (révérence), sentencieux (sentence), silencieux (silence), soucieux (souci), vicieux (vice)...*

La terminaison est *-tieux* si le mot-base comporte un *t* : *ambitieux (ambition), facétieux (facétie), factieux (faction), infectieux (infection), minutieux (minutie)...*

282. « Ce *câble* mérite une *explication* ! »

« Cela s'écrit-il avec un *c* ou bien avec *qu* ? », se demande-t-on souvent face à des termes se terminant sur le son *kable* et liés à un verbe en *-quer*... Un truc fiable consiste à chercher si, dans la famille du mot suscitant le doute, il y a un substantif en *-tion*. Si oui, le terme s'écrit en *-cable*. Si la réponse est négative, le mot se terminera sur *-quable*…

Exemples :
– *expliquer, explication, explicable*
– *appliquer, application, applicable*
– *communiquer, communication, communicable*
– *évoquer, évocation, évocable*
– *convoquer, convocation, convocable*
– *disséquer, dissection, dissécable*

Dans la famille de *critiquer*, il n'y a pas de « critication », donc : *critiquable*.

283. « En son *for intérieur*, François Ier songeait à la revanche… »

Pavie (Italie du Nord, 24 février 1525) : la bataille engagée contre les Impériaux est à l'avantage des Français quand François Ier a la malencontreuse idée de charger avec sa cavalerie sans tenir compte de son artillerie, qui faisait alors des ravages dans les rangs ennemis. Les canonniers français étant empêchés de tirer, l'affaire tourne au complet désastre. Pertes humaines considérables, un grand nombre de capitaines tués, et le roi fait prisonnier…

En captivité à Madrid, François Ier devra y signer un traité cédant la Bourgogne à Charles Quint. Le vaincu écrira à sa mère, Louise de Savoie, qu'il avait instituée régente, un propos que l'on résume généralement par « Tout est perdu, fors l'honneur ».

Issu du latin *foris*, « dehors », *fors* signifie « excepté, en dehors, hormis, sauf »…

Pour mémoriser l'orthographe de *fors*, c'est-à-dire sa dernière lettre, il faut retenir que *fors* se termine comme *sauf* commence, soit par un *s*.

L'homonyme qui entraîne les hésitations, et réciproquement, est *for*, uniquement usité dans la locution *for intérieur (dans mon for intérieur, en son for intérieur…),* et signifiant « dans ma conscience », « au fond de moi-même, de soi-même », etc. La ficelle consiste à retenir que *for* se termine comme *intérieur*, sur un *r*…

284. « *Nuitamment, patients* et *constants*, ils creusent *patiemment* et *constamment* le tunnel qui les conduira aux coffres de la banque… »

Les adverbes se prononçant *aman* s'écrivent avec deux *m* : *patiemment, constamment, savamment, élégamment…*

Pour savoir si l'adverbe s'orthographie avec un *a* ou avec un *e*, il faut regarder comment s'écrit l'adjectif correspondant. Si l'adjectif s'écrit avec un *a*, il en est de même pour l'adverbe :

- abondant, abondamment
- brillant, brillamment
- puissant, puissamment
- indépendant, indépendamment

Si l'adjectif comporte un *e*, alors l'adverbe s'écrit lui aussi avec un *e* :

- différent, différemment
- apparent, apparemment

– arrogant, arrogamment
– évident, évidemment
– éminent, éminemment
– pertinent, pertinemment
– concurrent, concurremment

N.B. : *Notamment*, *nuitamment*, *précipitamment* et *sciemment* n'ont plus, de nos jours, d'adjectif correspondant. Pour *notamment*, il faut alors penser à *notAtion* ; pour *précipitamment*, à *précipitAtion* ; pour *sciemment*, à *sciEnce*, à *consciEnce*, à bon *esciEnt*, à *consciEmment* (de *conscient*).

Quant à *nuitamment*, il faut penser à *nuitArd* : « Ces nuitArds rentrent de plus en plus nuitAmment ! », ou à : « Il fait nuit tArd, c'est pourquoi l'on s'attarde et rentre nuitAmment ! »

Obligeant a donné l'adverbe *obligeamment*.

Lent, présent et *véhément* ont certes fourni des adverbes avec un *e*, mais il n'y a pas doublement du *m* : *lentement, présentement, véhémentement.*

285. « *Agathe* tente de couper avec sa *hache* les *agates* de sa rivale ! »

Si le prénom *Agathe* s'écrit avec un *h* (devenu, dans la formulette, « une hache »), ce n'est pas le cas du substantif *agate*, nom d'une variété de calcédoine…

Attention à l'orthographe des homonymes, ces mots qui se prononcent de la même façon, mais dont l'orthographe (à part le cas des termes homographes) est distincte ! À un h près, tout comme pour *Agathe/agate*, il faut se méfier, notamment, des confusions entre *étique* (adj., « très maigre, décharné ») et *éthique* (n. f., « morale, règle de conduite »).

286. « Le *volatile* reste près de ses *œufs* ! »

Le substantif *volatile* désigne un oiseau (en particulier une volaille, un « porte-plumes » de basse-cour). Il s'écrit avec un *e* final. On peut alors retenir qu'il reste près de ses « e » !

En revanche, et l'erreur est fréquente, l'adjectif homonyme s'écrit sans *e* au masculin : *« un parfum très volatil », « un produit volatil ».* Ce grand farceur d'Alphonse Allais a inventé, dans une de ses chroniques, l'histoire d'une domestique qui, chargée d'aller acquérir de l'*alcali volatil* (c'est bien démodé, aujourd'hui !), demande de « l'alcool à caler les volatiles ».

Les hésitations sur des mots masculins se terminant en *-l* ou en *-le*, en *-al* ou en *-ale* sont courantes. Il faut dire que l'on relève des singularités… Ainsi, la quasi-totalité des mots masculins se terminant sur le son *al* s'écrivent en *-al*… sauf *ovale*, *pâle* et *sale*. C'est surtout le premier des trois qui entraîne des erreurs. Phrase mnémonique : « Tous les adjectifs masculins en *al* sont à chevAL, sauf ovale, pâle et sale, qui restent au fond de la cALE ! »

287. « Des *landaus* aux *pneus bleus* poussés par des nounous en *sarraus* adorant les *lieus*, jaunes ou noirs. »

Les mots en *-au*, en *-eau* et en *-eu* font leur pluriel avec un *x*, très généralement : *des bateaux,* *des châteaux, des feux, des pieux*, etc. Mais il y a des exceptions, qu'il faut mémoriser : nom propre d'une ville d'Allemagne devenu un nom commun de voiture d'enfant, *landau* fait au pluriel *landaus*, avec un s.

Pneu (abréviation de *pneumatique*) itou : *des pneus.* Quelle que soit son acception, quelle que soit sa nature grammaticale, *bleu* a un pluriel en *s* : *des bleus de chauffe, des bleus* (des nouveaux, des débutants), *des bleus résultant d'une chute, des uniformes bleus…*

Tablier d'enfant ou ample blouse de travail, le *sarrau* a également un pluriel en *s*, et de la même façon, *lieu*, terme courant désignant le colin, fait *des lieus* au pluriel !

N'oublions pas un grand coureur australien… : l'*émeu*, qui ne sait sans doute pas qu'en français son nom s'écrit avec un *s* au pluriel : *des émeus.*

288. « La fourmi, la perdrix, la souris et la brebis sont privées d'œufs, de bougie et de sortie ! »

La plupart des noms féminins se terminant sur le son *i* s'écrivent en *-ie*. Il y a toutefois quelques exceptions, en particulier des noms d'animaux : *brebis, fourmi, perdrix* et *souris.* Ces dernières sont donc privées d'œufs (d'*e*… final, en tout cas).

Il n'y a pas de masculin au mot *souris*, on ne dit pas « un souris » (ce qui introduirait une ambiguïté, *souris* étant un synonyme vieilli de « sourire »). On dit, alors, « une souris mâle » : ainsi, Jerry (de *Tom et Jerry*) est une souris mâle !

N.B. : *souris* n'est pas un mot épicène, puisque l'on ne dit pas « un souris » et « une souris », ce qui est le cas pour *enfant*, par exemple *(un enfant capricieux, une gracieuse enfant)*.

« Cé pô juste ! » : chez les fourmis noires, les fourmis mâles vivent quelques mois, les fourmis femelles et la reine plusieurs années.

289. « Avec *orgueil*, le président se réjouissait du bon *accueil* que lui réservait la foule... »

Après les consonnes *c* et *g*, c'est le *u* qui vient en premier, puisque la prononciation donne *queuille* et *gueuille* (et non *ceuille* et *jeuille*). Derrière d'autres lettres, le *e* vient avant le *u* : *feuille, fauteuil, porte-feuille, chèvrefeuille, millefeuille, cerfeuil, deuil...*

Avec *ue*, encore : *cercueil, recueil, écueil...*

Dans les mots féminins, la terminaison est toujours en *-euille* : *feuille*.

290. « Les yeux *exorbités*, les Gaulois déchaînés *exhaussèrent* leur chef porteur de *hache* sur un pavois ! »

Ainsi mis à l'honneur, ce chef voyait certainement ses vœux secrets... exaucés. Ce n'était pas rien, évidemment, qu'être ainsi reconnu, honoré, promené devant les troupes juché sur un pavois, c'est-à-dire un grand bouclier. Par Toutatis !

Cela était même réservé à celui que les farouches Celtes venaient de choisir pour roi...

Mais pourquoi n'y a-t-il pas de *h* dans *exorbités*, alors *qu'exhaussèrent* (verbe *exhausser*) en a un ?

Très souvent, par ailleurs, *exorbitant(e)* est écrit « exhorbitant »...

La ficelle, ici, consiste à chercher des mots de la même famille, si possible, même, le mot-base. Dans le premier cas, c'est *orbite.* Qu'il s'agisse de la petite cavité osseuse qui accueille l'œil, ou bien de la courbe décrite par un corps céleste autour d'un autre, plus grand. Des satellites ont, ainsi, été mis sur orbite terrestre par les scientifiques de plusieurs pays. Et nombre de personnages de cinéma, par la grâce des dialogues de Michel Audiard, ont souhaité que les c... soient mis définitivement sur orbite ! Vaste programme !..

Orbite n'ayant pas de *h* initial, et le préfixe *ex-* n'en comportant pas en finale, il n'y a aucune raison de vouloir écrire « exhorbitant » ni « exhorbité » !

Homonyme *d'exaucer*, *exhausser*, lui, doit absolument s'écrire avec un *h*, qui est l'initiale de *hausser* : ce verbe signifie « surélever, dresser, hausser, surhausser »...

291. « La période *glaciaire* plaisait bien aux ours *polaires* ! »

L'ours blanc aime bien le froid, les grands froids, à condition qu'il lui reste de la bonne nourriture à « se mettre dans le cornet » (...à glace). Il « aime être au pôle », comme Virginie « aimait trop Paul » et que Paris « est métropole »...

Malheureusement, ce n'est pas le cas, et les plantigrades s'aventurent jusque dans les villages, fouillant les poubelles et effrayant les habitants. Dans certains pays, tel le Canada, on s'efforce de sauver les grosses peluches : endormies par une bonne piqûre, celles-ci sont transportées loin des villages, et on leur laisse quelque nourriture pour passer le cap difficile.

Au lieu des boîtes à ordures, les ours préféreraient peut-être ouvrir des *glacières* remplies de bonnes choses…

Période glaciaire/des glacières : voici qui nous donne une clé pour l'orthographe des mots se terminant sur le son *cierre* : les adjectifs sont en *-ciaire* (sauf quand il y a dans la même famille de mots un nom en *-cière*), les substantifs en *-cière*… Vérifions si cette récurrence est exacte (à de rares exceptions près) :

Si adjectifs :

- *bénéficiaire* (également nom : *un[e] bénéficiaire*)
- *fiduciaire* (également nom : *une fiduciaire*)
- glaciaire
- judiciaire

Si substantifs :

- une épicière
- une financière
- une gibecière
- une glacière
- une mercière
- *une nourricière* (également adjectif)
- *une policière* (également adjectif)
- une romancière
- une saucière
- une sorcière
- une souricière
- une tenancière

Assez convaincant, n'est-ce pas ?

292. « Les *cous-de-pied* des footballeurs gardaient la trace des *coups de pied* reçus au match aller, à l'extérieur, chez l'équipe adverse… »

Le football n'est pas un sport de fillette, ou, alors, de « 45 fillette » ! Le comportement des joueurs néerlandais, en finale 2010 de la Coupe du monde, contre les Espagnols, en a été une pénible démonstration… Pour les joueurs bataves, le tacle se portait… très haut, et les footballeurs ibériques ont dû garder plusieurs jours les traces des *coups de pied.* Une bévue usuelle consiste à mettre *pieds* au pluriel, un pluriel qui n'est guère logique : essayez donc de frapper des deux pieds à la fois ! Vous serez à terre, faute d'appui, avant d'avoir pu dire quoi que ce soit. Nous mettrons à part les tacles meurtriers lancés les deux pieds en avant…

Quant à *cous-de-pied*, ce pluriel respecte la règle d'orthographe des mots composés formés sur le type nom + *de* + nom : le premier mot prend la marque du pluriel, le second demeure invariable :

– une gueule-de-loup, des gueules-de-loup
– un œil-de-perdrix, des oeils-de-perdrix
– une langue-de-chat, des langues-de-chat
– une queue-de-pie, des queues-de-pie
– une tête-de-loup, des têtes-de-loup

Etc.

Les traits d'union indiquent qu'il y a eu métaphore. Il ne s'agit pas de vraies gueules de vrais loups, de vrais yeux de vraies perdrix…

293. « Nous avons séjourné sans *aucuns* frais chez des *Cajuns* francophones, en Louisiane ! »

Erreur très fréquente : la mise au singulier d'*aucun* dans la locution *aucuns frais.* Pourtant, le pluriel est une évidence : au sens de « dépenses », le mot frais est EXCLUSIVEMENT un pluriel. Personne ne dit : « J'ai eu un gros frais pendant les vacances (durant le week-end, ces derniers mois...) », mais : « J'ai eu de gros frais, avec cette maison... ».

Adjectif indéfini, *aucuns* doit s'accorder, et être au pluriel. Idem avec d'autres termes figés au pluriel : *aucunes funérailles officielles ne sont prévues ; aucunes rillettes au menu ! ; aucuns honoraires ne seront à payer* (... c'est rare).

C'est également la logique (qui est un « truc » très fiable !) qui fige au pluriel le pronom indéfini *d'aucuns*, puisqu'il signifie « quelques-uns, plusieurs, certains »... : « Chez les HUNS, d'AUCUNS n'aimaient pas du tout le steak tartare ! »

294. « Nous espérons bien faire bonne *chère* chez cette *chère* marquise ! »

Même si le festin attendu est à base de charcuterie, de viandes blanches et rouges, on ne fera pas « bonne chair » ! Certes, les fameux ogres des contes « pour enfants » (??!) se régalaient de chair fraîche, sanguinolente même, de viande crue..., mais c'était pour faire *bonne chère* ! D'autres peuvent très bien faire eux aussi bonne *chère*, faire bombance, en associant quantité et qualité. Quant à ceux et celles qui sont au régime strict, quand bien même trouveraient-ils plaisir à déguster quelques rares légumes et fruits rares, l'expression *« faire bonne chère »* ne pourrait leur être associée… Car ce *chère*-là vient du grec *kara*, « visage » : l'hôte fait bon accueil à ses invités, et dans la qualité de l'accueil entrent aussi en compte la qualité et l'abondance des mets servis à table. L'hôte sait pratiquer l'art des mets…

Au lieu de vouloir… croquer le marmot, les ogres n'avaient qu'à aller s'approvisionner chez le charcutier le plus proche ! Un professionnel dont le nom vient de « chair cuite »…

295. « On ne peut jamais *compter* sur Céline pour nous apprendre des *comptines* ! »

« Am stram gram, pic et pic et colégram, bour et bour et ratatam !… » : ce n'est pas un petit conte qui s'amorce ainsi, une historiette appelée « contine », mais une *comptine* ! Il s'agit d'une chansonnette enfantine destinée à désigner, en… comptant sur les syllabes et en les attribuant à tour de rôle aux participants à un jeu, celui ou celle qui aura à tenir le dé, à diriger l'action, ou bien qui aura un gage !

« Une poule sur un mur, qui picore du pain dur, picoti, picota, fait un tour et puis s'en va ! » fait également partie des « tubes » de ce domaine musical et juvénile…

En évitant les méprises sur la signification des mots et expressions, on diminue grandement le risque de commettre des bévues orthographiques…

Ne prenons pas Le Pirée pour un homme (*cf.* Ésope et La Fontaine).

296. « En soufflant dans leur *olifant* en or du tout dernier *cri*, les derniers Francs appelaient *à cor et à cri* des renforts. »

On n'ose y croire : certains chercheurs avancent que Roland n'a jamais existé, que Roncevaux, le cor, Durandal, c'est du pipeau ! Serait-ce pour cela que nombre de scripteurs écrivent : « à corps et à cris » ?

La seule graphie licite est, avec tout au singulier et sans traits d'union : « à cor et à cri ». C'est une expression du domaine de la vénerie, désignant la chasse ou le moment de la chasse où l'on poursuit la bête en jouant du cor et en criant.

Pour mémoriser l'orthographe et le singulier, il faut penser au preux Roland, qui, commandant l'arrière-garde de l'armée des Francs revenant d'Espagne, se fit surprendre, en 778, par les Vascons (les Basques) alors qu'il allait franchir le col d'Ibañeta – connu sous le nom de « col de Roncevaux », en France.

Si l'on en croit la… légende (?), ce n'est qu'à la toute dernière extrémité, le désastre consommé, que Roland aurait sonné du cor pour alerter Charlemagne et le gros des troupes, en s'étant refusé jusque-là à appeler au secours…

Et tout cela, ce serait des carabistouilles, des inventions de chroniqueurs aussi peu fiables que les… d'aujourd'hui ?! Impensable.

297. « Le premier *Romain* s'est classé *dixième* du marathon de Lutèce. »

Est-ce sous l'influence de l'orthographe de *douzième*, un certain nombre d'usagers du français *écrivent* « dizième » à la place de *dixième*. Pourtant, la terminaison respective des deux mots conduit à garder le *z* pour le premier, et le *x* pour le second…

De plus : dans *dixième* on retrouve la lettre qui, en majuscule (X), représente le chiffre romain correspondant à 10 !

N.B. : ethnonyme, ou gentilé, employé ici comme nom propre, *Romain* s'écrit naturellement avec une majuscule. Mais, en tant qu'adjectif, le mot perd cette majuscule *: les armées romaines, les camps romains…*

Il n'y a jamais de majuscules aux ethnonymes quand ils désignent autre chose qu'une personne : une firme, une société *(le japonais Hitachi, l'allemand Siemens…).*

298. « *Abrégeons* là-dessus, en disant *"etc."* ! »

L'expression latine *et cetera* peut aussi s'écrire *et cætera.* On la connaît surtout sous sa forme abrégée : etc., qui doit se terminer sur un point… abréviatif, puisque le *c* n'est pas la dernière lettre de la locution.

Et cetera – et, donc, *etc.* – signifiant « et la suite » (au sens de « et TOUTE la suite »), il est inutile, et FAUTIF, car pléonastique, de cumuler l'expression ou son abréviation avec des points de suspension. Jamais de « etc… » ni de « etc.… », donc.

De l'acception de la locution, y compris lorsqu'elle est représentée par son abréviation, il ressort qu'il est superfétatoire de la doubler ou de la tripler. Toutefois, et fort heureusement, la langue française ne doit pas être traitée comme une matière figée, morte. Si la répétition de *etc.* est effectivement, en toute rigueur, inutile dans un texte courant, où la répétition ne présente en effet aucun intérêt, il faut avoir l'intelligence d'accepter le « doublon » dans des répliques théâtrales, dans des dialogues de films, dans des sketchs plaisants..., dès lors que cette répétition est bien en situation, correspond à la faconde, au bagou d'un personnage, ou quand il s'agit de caricaturer, voire de stigmatiser le verbiage insipide d'un « radioteur » ou d'un politique.

299. « Sortie de son *ghetto* professionnel, la *ghesha*, au *Grand Hôtel*, se fit servir une platée de *spaghettis* ! »

Le digramme (groupe de deux lettres) *gh* se rencontre principalement dans un groupe de mots étrangers francisés et lexicalisés. *Ghetto* et *spaghetti* viennent de l'italien, *ghesha* (ou *geisha*, graphie préférée par le Petit Larousse, entre autres) du japonais.

Tous ces mots, étant accueillis dans le vocabulaire usuel, n'ont plus à être traités en exceptions gardant leurs particularités... ce qui complique la tâche des usagers de la langue, des enseignants comme des apprenants. Moins il y a d'exceptions, plus une langue est facile à écrire et à parler. Donc, foin de l'exotisme ! Foin des préciosités que voudraient maintenir des « puristes »... On dit donc, très correctement : *des scénarios* (et non « des scenari »), *un* confetti (et non « un confetto »), *des spaghettis* (et non « des spaghetti »), etc.

Un jour, au cours d'une soirée mondaine, dit-on, le maréchal Foch, membre de l'Académie française, exaspéré par des discussions byzantines, et jugées par lui pédantes, échangées à propos de latinismes et/ou de termes étrangers, se leva et déclara : « Je vais faire pipo sur les cacti ! »

300. « Ma grand-mère est *Vierge,* mon frère est une *Balance,* et moi-même suis un *Lion.* »

Mélanger noms propres et noms communs peut conduire à des écrits risibles, grotesques, fâcheux, gênants, ou incompréhensibles... Bien indiquer les majuscules et les minuscules fait partie de la maîtrise de l'orthographe d'usage, que chacun est censé connaître le mieux possible...

Ici, les noms des signes du zodiaque sont obligatoirement à mettre avec une majuscule, parce que ce sont des noms propres de constellations. Le mot *zodiaque* lui-même (qu'il ne faut pas écrire *Zodiac* [nom déposé], ça mènerait les gens en bateau) est un nom commun, donc sans majuscule ;

On voit bien quelles seraient les réactions stupéfaites, ou rigolardes, qui accueilleraient *vierge* sans majuscule ; les regards soupçonneux ou interrogateurs à la vue de *balance* sans majuscule ; enfin, les sourires railleurs à l'intention du prétentieux ayant écrit *lion* sans majuscule...

Les noms des signes sont invariables : *mes deux sœurs sont* [*des*] Sagittaire ; *mon père est* [*un*]

Gémeaux (ellipse pour dire : *du signe des Gémeaux* ; il est illicite d'écrire, au singulier : « mon père est [un] Gémeau ! »).

Vous avez bien suivi ?… C'est bon… signe !

TABLE DES ENTRÉES

Lancé en mars 2007 par La Poste, le programme « Partageons l'émotion du courrier » a pour objectif de mettre en avant les valeurs relationnelles et de proximité du courrier, en nous rappelant ses attributs : média du toucher, média du contact, média non intrusif qui pérennise les écrits... Le courrier est le média de l'émotion par excellence.

C'est la raison pour laquelle La Poste soutient de multiples initiatives pour la promotion de la langue française et une meilleure maîtrise de celle-ci, pour aider les Français à renouer avec le genre épistolaire et leur redonner envie d'écrire.

C'est donc tout naturellement que La Poste apporte son soutien à la création et au développement de la collection « Les Timbrés de l'Orthographe » ainsi qu'au grand concours national qui l'accompagne.

Retrouvez toute l'actualité du programme « Partageons l'émotion du courrier » sur : www.emotionducourrier.fr

Dans la même collection

Imprimé en Europe
ISBN : 978-2-36075-138-9
Dépôt légal : à parution